KB188857

예수님의 이름으로
기도했슴다

예수님의 이름으로 기도했습다

지은이 | 이한나 · 장태산
초판 발행 | 2023. 4. 19
등록번호 | 제1988-000080호
등록된 곳 | 서울특별시 용산구 서빙고로 65길 38
발행처 | 사단법인 두란노서원
영업부 | 2078-3352   FAX | 080-749-3705
출판부 | 2078-3331

책값은 뒤표지에 있습니다.
ISBN 978-89-531-4450-7 03230

독자의 의견을 기다립니다.
tpress@duranno.com   www.duranno.com

ⓒ 이 출판물은 저작권법에 의해 보호를 받은 저작물이므로
무단 전재와 무단 복제, 무단 사용을 할 수 없습니다.

두란노서원은 바울 사도가 3차 전도여행 때 에베소에서 성령 받은 제자들을 따로 세워 하나님의 말씀으로 양
육하던 장소입니다. 사도행전 19장 8-20절의 정신에 따라 첫째 목회자를 돕는 사역과 평신도를 훈련시키는 사
역, 둘째 세계선교(TIM)와 문서선교(단행본·잡지) 사역, 셋째 예수문화 및 경배와 찬양 사역, 그리고 가정·상담 사역
등을 감당하고 있습니다. 1980년 12월 22일에 창립된 두란노서원은 주님 오실 때까지 이 사역들을 계속할 것
입니다.

지하 교인 어머니로부터 시작된 평생 기도

예수님의 이름으로
기도했슴다

이한나 · 장태산
지음

두란노

차례

1
나의 어머니는 지하 교인이었다

2
죽음의 땅 북한

3
믿음이 시작된 땅 중국

4
결실의 땅 한국

5
나의 기도

2023년은 6·25전쟁 정전 70년이 되는 해다. 아직도 이 땅에는 분단과 북한 정권이 저지른 기독교 말살과 탄압이라는 아픈 상처가 남아 있다. 이 상처를 잊은 요즘, 이 책이 북한 지하 교인들이 겪는 고난과 시련을 한국 교회와 그리스도인들에게 알려 큰 울림을 주고, 분단된 남과 북이 하나님 안에서 복음 통일을 이루어 가게 하는 신앙의 지침서가 되길 기도한다. 이 책을 한국 교회와 성도님들께 적극 추천하는 바이다.

　| 강철호 목사 북한기독교총연합회 이사장, 북한회복감리교회연합 자문위원

영국 오픈도어선교회 초대로 버밍햄 국제 컨퍼런스 대회장에서 만난 이한나 집사는 파란만장한 고난의 희생자가 아니라, 하나님께서 주시는 믿음과 기도의 능력, 천국의 소망이 가득한 십자가 군병의 모습이었다. 이 할머니의 자서전은 공산화된 북한 치하에서 고난받는 그리스도인의 삶과 '고난의 행군' 시기에 북한 주민이 겪은 절망을 가족의 경험을 통해 잘 묘사하고 있다. 이 책은 1세대 신자였던 어머니의 기도 생활과 믿음의 유산이 이한나 집사의 생애에 어떻게 응답되었는지 생생하게 증언하고 있다. 북한 땅에서 김 씨 일가 숭배에 무릎을 꿇지 않은 하나님의 수십만 백성을 기억하는 계기가 되어 그들을 위한 기도의 불길이 타오르기를 기도한다.

　| 김성태 목사 총신대학교 명예교수, 한국오픈도어선교회 이사장

이한나 집사가 우리 교회 성도가 된 뒤, 자녀들의 신앙 문제로 교회에 머물며 3일 금식 기도하던 중 하나님께 경배하며 엎드려 절하던 모습을 잊을 수 없다. 이 책은 북한 체제에서 수십 년간 어머니가 기도할 때

마다 망을 봤던 지하 교인의 흔적이 고스란히 묻어나는 신앙의 유산이다. 어쩌면 한국 교회가 많이 잃어버린 모습일지도 모른다. 한국 교회의 모든 성도들이 이 책을 읽고 북한 지하 교인의 기도 영성을 배우기를 바란다.

| **김재호 목사** 수레바퀴북한선교회 대표, 쥬빌리대구 사무총장

이 책은 한반도의 평화 통일과 북한의 영적 해방을 위해 기도해 온 분들에게 더욱 큰 자극이 되는 증언 문학이다. 생동감 넘치는 증언은 공감, 동정심과 함께 하나님을 대적하는 오만한 권력자들에 대한 거룩한 분노를 불러일으킨다. 북한 지하 교인들의 실상과 중국에서 경험한 하나님의 역사에 대한 묘사에 가슴이 먹먹해지고, 북한 또한 하나님의 절대주권 아래 있음을 확신하게 된다. 북한을 거룩하게 해방해 다시금 기독교 신앙의 터전으로 삼아 주실 하나님의 의지는 의심의 여지가 없다. 하지만 한국 교회는 해방된 북한을 거룩하게 보듬을 영적·정치적 역량이 부족하다. 그럼에도 하나님은 지하 교인들의 기도를 결코 외면하지 않으실 것이다. 모든 한국 교회 교우들에게 일독을 권한다.

| **김회권 목사** 숭실대학교 교수, 한반도평화연구원 연구위원

이한나 집사의 이야기를 듣고 나는 너무 부끄러워 쥐구멍에라도 숨고 싶었다. 그동안 주님 일을 한다고 수많은 나라를 다녔지만 정작 북한 동포들을 위해 수고한 적이 많지 않았기 때문이다.

이 책은 고난 중에도 믿음을 지키는 북한의 지하 교인들이 그동안 어떻게 기도하고 예배하였는지, 예배의 참 의미가 무엇인지 이야기한다. 더 나아가 우리가 어떻게 예수님의 첫 사랑과 기도와 예배를 회복할 수 있을지 깨닫게 해 줄 것이다. 우리는 이 책을 읽고 주님 앞에 회개해야 한다. 그리고 북녘의 우리 민족을 위해 가슴을 치며 눈물로 기도해야 한다. 교회와 예배, 기도와 찬양이 회복되기 원하는 모든 성도들께 이 책을 적극 추천한다.

| **송솔나무** 〈하나님의 연주자〉 저자, 플루티스트 및 구호 활동가

탈북민의 신앙 수기가 여러 종 출판되어 있지만 이 책은 개인의 이야기를 넘어서 민족의 수난에 대한 증언이라는 독특한 특징을 갖고 있다. 내용이 구체적이고 사실적이며 깊은 감동을 준다는 점도 빼놓을 수 없다. 북한 당국이 파괴한 이한나 집사의 고향 교회를 이 집사가 출석하고 있는 새벽별교회에서 재건하는 날을 기대한다. 감동의 긴 여운을 남기는 책이다.

| **유관지 목사** 북녘교회연구원(NCRC) 원장

이 책은 한 여인과 그 집안의 구원의 여정이 담겨 있는 현대판 출애굽 이야기이다. 북한의 지하 교인이었던 어머니로부터 믿음을 물려받아 탈북하고 중국에서 믿음을 키워 자유 대한민국에 오기까지 생생한 하나님의 인도하심은 이스라엘 구원의 대서사를 연상하게 한다. 이 책을 통해 통일민 사역과 북한 선교에 대한 관심이 확산되기를 기대한다.

| **정성진 목사** 크로스로드선교회 대표, 쥬빌리통일구국기도회 상임대표

이 책을 읽는 동안 참 힘들었다. 북한과 중국에서 지하 교인들이 겪은 일들이 너무 아팠기 때문이다. 그러나 그 속에는 '아픔'을 통해 '연단'된 성도가 영원한 생명과 면류관을 받아 누리는 소망, 신실하신 하나님의 손길이 있었다. 숨겨져 잘 드러나지 않았던 북한 선교 사역자들과 목회자, 성도들의 눈물과 사랑도 아름답게 드러났다. 북한의 현실뿐 아

니라 동토에 복음을 전해야 하는 이유를 알리는 것도 중요하다. 이 책이 그것을 알게 한다. 이 책을 통해 북한과 북한 주민을 살릴 수 있는 길은 '복음'임을 새삼 깨닫게 된다. 전 세계 성도들이여, 이 책을 꼭 읽어 보시길 추천한다.

| **정종기 목사** 아신대학교 북한선교학과 교수, 고신총회통일선교원 원장

광복 이전에는 남한보다 북한에 기독교인이 더 많았다. 공산 정권이 세워지자 많은 이들이 신앙의 자유를 찾아 월남했지만 더 많은 성도가 남아 순교하기도 하고, 지하 교인이 되어 눈물로 기도하며 신앙을 지키고 있다. 이 책을 통해 북한 당국의 감시를 피해 기도하며 믿음을 지키는 지하 교인의 생생한 모습을 확인할 수 있었다. 저자의 어머니 같은 분들이 더 많이 계셨으리라 생각한다. 이러한 분들의 기도는 민족 통일을 위해 하나님께서 귀하게 받으시는 금 대접에 담긴 향기로운 제물이라고 믿는다. 통일과 북한을 위해 기도하는 모든 성도들에게 이 책을 적극 추천한다.

| **천욱 목사** 북한사역목회자협의회 회장, 대전서부중앙교회 담임목사

부활하신 주님의 마음이 향하는 곳은 주님의 양들이 아파하는 곳이다. 주님이 이 시대에 찾으시는 아픈 양들은 북한에서 고통스러워하는 북한 동포들과 중국 등 제3국에서 방황하는 북한 난민일 것이다. 그리스도의 어린 양인 이한나 집사는 북한과 중국 땅에서 고통의 시간을 보냈지만 그 세월마다 하나님의 영이 함께 운행하셨다(창 1:2). 본 간증의 글 안에서 아픈 곳을 향하여 운행하시는 살아 계신 주님의 마음이 독자의 마음 안으로 흘러들 것이라 생각하며 적극 추천한다.

| **하충엽 목사** 숭실대학교 교수, 기독교통일지도자훈련센터 센터장

이 책을 쓰기까지

| 이한나 |

나의 어머니는 지하 교인이었다. 어린 시절 어머니가 기도하는 모습을 보면서 자란 나는 북한에서 고난의 행군을 겪으며 사선을 헤매다가 중국에 와서 어머님이 믿으시던 하나님을 믿게 되었다. 그 후 기적적인 하나님의 인도와 역사를 경험하며 한국까지 모든 가족이 오게 되었다. 지하 교인이었던 어머니로부터 손주들에게까지 4대로 이어져 온 신앙의 여정과 그속에서 행하신 하나님의 역사를 도저히 묻어 버릴 수는 없었다. 평생에 받은 하나님의 사랑과 은혜가 너무 감사하여 세상에 널리 알리고 싶은 마음으로 이 책을 쓰려 했으나 능력이 부족해서 혼자서는 도저히 쓸 수 없었다. 3년을 눈물 흘리며 안타까운 심령으로 하나님께 기도했다.

코로나가 극성을 부릴 무렵, 대구에 있는 제자의사랑교회 김진웅 목사님과 새벽별교회 김재호 목사님의 격려와 도움으로 녹음 필사를 시작했고, 장태산 선교사님이 책임을 맡아 글을 다시 정리하고 쓰기 시작한 지 2년 만에, 코로나19의 잦아듦과 함께 이 책을 완성하게 되었다.

책을 쓰기 시작한 지 7년이 되었고, 이제 내 나이 77세다. 건강도 부족하고 글쓰기도 힘들다. 글 쓰다가 빈혈이 일어나면 하나님께 기도했다. "정신 차리게 해 주세요. 날 살려 주세요. 이 책이 세상에 나오고 난 뒤에 천국에 데려가 주세요." 그렇게 눈물을 흘리며 기도하다가 볼펜을 쥐고 쓰러졌다. 하나님께서는 쓰러지면서 드린 나의 기도를 받아 주셔서 이 글을 마무리할 수 있도록 건강을 주셨다. 나는 오늘도 사도행전 말씀을 새기며 기도한다.

"오직 성령이 너희에게 임하시면 너희가 권능을 받고 예루살렘과 온 유대와 사마리아 땅끝까지 이르러 내 증인이 되리라"(행 1:8).

그러던 어느 날, 장태산 선교사님의 소개로 숭실대 평화통일연구원에서 주최한 '북한의 지하 교인에 대한 포럼'에서 간증을 했고, 2021년 4월 23일에는 플루트 연주자 송솔나무 선생님의 주선으로 CTS 생방송에 출연하여 하나님의 역사를 간증하는 시간을 가졌다. 더 나아가 러시아와 중국, 일본에 계신 동포들에게 화상으로 간증하는 기회도 갖게 되었다. 나는 북한에서 어머니가 기도하시던 모습과 내가 중국에서 신앙생활 하면서 경험한 살아 계신 주님의 능력을 전하는 것이 너무 행복하고 기쁘다.

장태산 선교사님은 중국과 러시아를 비롯한 세계 각국에서 선교하시는 분으로, 탈북민을 진심으로 품고 남북이 하나 되는 하나님의 뜻을 받들어 통일 선교 사명을 감당하는 충성된 일꾼이다. 책이 나오기까지 세 번이나 서울에서 대구로 내려와 숙식하며 바쁜 시간을 쪼개어 나의 이야기를 글로 정리하도록 도와주셨다.

이 책의 이야기는 모두 사실이며 하나도 거짓이 없다. 나를 자랑하는 책이 아니라 우리 집안에 역사하신 하나님을 높이며 증거하는 책이다. 또한 북한 땅에 흐르는 순교의 피와 지하 교인들의 믿음을 증거하는 책이다. 이 책을 통해 하나님의 영광이 나타나길 기도한다.

중국에서 100여 명의 조선족을 대상으로 세미나를 이끌던 그 주간에 내게 아주 이상한 일이 일어났다. 참석자들은 해묵은 마음의 상처를 치유하며 성령의 은혜를 경험하고 있었다. 평소처럼 아침에 성경을 묵상하고 있었는데 그 주간 내내 성경에서 마치 글자가 책 밖으로 튀어나오듯이 내 마음속에 강하게 울려오는 메시지가 일주일간이나 지속되었다. "고아와 과부와 나그네를 돌보라!" 나는 그 의미가 이해되지 않았다. 누구를 말하는지도, 무엇을 하라는 말인지도 깨닫지 못했다. 내면의 강한 메시지는 사라지지 않았고 결국 나는 모든 것을 중단하고 홀로 기도에 전념하면서 그 해답을 찾기로 했다. 3개월 후 내가 받은 응답은 예상을 벗어난 것이었다. 내가 돌봐야 할 고아와 과부와 나그네가 바로 '북한 사람들'이라는 응답이었다.

그 당시 나는 북한을 위해 한 번도 기도한 적이 없었다. 선교에 헌신했지만 북한은 가까이 하기에 너무 멀고 갈 수도 없는 땅이라 할 수 있는 일이 아무것도 없다고 생각했기 때문이었다. 심지어 90년대에 '고난의 행군'이라 불리는 대기근이 북한 땅을 휩쓸어 300만 명이 굶어 죽은 사실도, 한국 땅에 이미 적지 않은 탈북민이 와 있다는 사실도 전혀 알지 못했다. 그만큼 나는 북한에 아무런 관심이 없었다. 인터넷을 뒤지며 북한과 탈북민의 실태를 접하고 나는 충격을 받았다. 3일 밤낮을 멈추지 않는 눈물이 하나님께서 주시는 마음인 것을 깨닫고 그때부터 북한 선교에 헌신하게 되었다. 그 후 10년이 넘는 기간 동안 많은 일을 겪었다. 어느덧 나는 중국과 러시아 현장을 누비며 고통 속에 있는 많은 탈북민들을 만났고 그들의 트라우마가 하나님을 만남으로 치유되는 현장을 많이 목격했다.

그 가운데 만난 분이 바로 이한나 집사님이다. 처음 집사님을 만났을 때 작고 가냘픈 체구에서 뿜어져 나오는 강한 믿음에 도전을 받았다. 집사님의 인생과 어머니에 대한 간증을 들으면서 비범함을 느꼈다. 그러던 중 집사님이 책의 출간을 위해 몇 년 동안이나 기도하고 계심을 알게 되었고 돕기로 작정했다. 마침 코로나19 사태가 터져서 시간적인 여유가 생겼다. 집사님으로부터 조각조각 흩어져 있는 자료와 글을 받아 박사 과정 틈틈이 정리하는 오랜 노력 끝에 2년 만에 결실을 보게 되었다.

이 책은 이한나 집사님 가정이 4대에 걸쳐 경험한 신앙의 역대기이다. 집사님의 이야기는 21세기를 살아가는 우리에게 선지자적인 메시지를 던져 준다. 집사님의 이야기는 시간적으로 일제 강점기부터 해방기, 6·25전쟁, 분단 체제, 90년

대 고난의 행군 시기를 거쳐 오늘날에 이르기까지 100년에 걸친 한국 근현대사의 굵직굵직한 역사적 사건을 관통한다. 또한 공간적으로는 북한, 중국, 한국을 넘나들며 동북아 국가들을 무대로 하고 있다. 영적으로는 출애굽, 광야 생활, 가나안 입성을 떠올리게 하는 신앙의 여정을 보여 준다. 무엇보다도 이 이야기는 북한 체제 속에서도 신앙을 지키는 지하 교인과 순교 신앙이 지금도 북한 땅에 면면히 흐르고 있다는 사실을 증거해 준다. 이 놀라운 이야기가 묻히지 않고 책으로 남게 된 것은 다음 세대와 한국 교회에 엄청난 축복이자 유산이라고 생각한다. 아무쪼록 이 책을 읽는 모두에게 하나님의 놀라운 은혜가 넘쳐나기를 바란다.

1

나의 어머니는

지하 교인이었다

나의 어머니는 지하 교인이었다. 어머니가 지하 교인이라는 사실을 처음 알았을 때는 만 일곱 살이 되던 해였다. 1950년 6월 25일 시작된 전쟁으로 우리 집은 폭격을 맞아 완전히 파괴되었다. 전쟁 직후 동네에는 아파트가 하나도 없었고 모두 초가집이었다. 시내에는 집들이 촘촘히 붙어 있었는데, 어머니는 온 재산을 모아 시내에서 떨어져 인가가 전혀 없는 길가에 지하 딸린 2층 집을 지었다. 당시 아버지는 고급 이발사였다. 1층은 이발소로 사용했고 계단을 통해 지하로 내려가면 우리 가족이 생활하는 살림집이 있었다. 지하에는 살림방과 부엌이 있었고 건넛방은 창고로 사용했다. 이발소 옆에 살림집을 만들어도 되었지만 지하에 방을 만든 이유는 어머니가 기도하시기 위해서였다. 살림집을 이발소 옆에 지으면 손님들이 자주 드나들면서 어머니가 기도하는 모습을 보게 될까 봐 염려했던 것이다. 지하 살림방 위에는 전기도 들어오지 않는 깜깜한 방이 하나 있었다. 아무도 그 방을 사용하지 않았고 나도 들어가 본 적이 없었다.

어느 날 어두운 암실에서 중얼중얼 말소리가 났다. 나는 너무 놀라 무서워서 납작 엎드렸다. "야, 귀신이구나." 그런데 한참 말소리가 나더니 그 방에서 어머니가 나오는 거였다. "아이구, 놀래라. 엄마였구나, 난 귀신인 줄 알았어요. 근데 그 방에서 누구와 그렇게 말하셨어요?" 너무 놀란 나머지 나는 어머니 품에 안겨 울면서 말했다. 그때 어머니는 나를 위로해 주셨다. "놀라지 마, 엄마잖아. 괜찮아." 그 컴컴한 방에서 도대체 누구와 이야기했는지 어린 나이에도 궁금해서 물으니 "하나님께 기도했다"고 하셨다. 그때 나는 처음으로 '하나님'과 '기도'라는 말을 들었다. 나는 더 이상 묻지 않았고 어머니도 더 이상 말씀하지 않으셨다. 나는 귀신이 아니고 어머니였으니까 이제 무서워할 필요가 없다고 생각했을 뿐이었다. 그러던 어느 날 암실에서 "하나님, 하나님" 하면서 우시는 어머니 소리가 들렸다. '하나님이 어떤 사람이기에 어머니가 매일 하나님을 부르며 우실까? 누군지는 몰라도 분명히 어머니가 그리워하는 사람인 게 틀림없어.' 어린 나는 어머니가 우시는 것이 마음 아팠다.

그러던 중 함경남도에서 황해남도 시골로 이사를 갔다. 그곳에서는 작은 초가집에서 살았다. 어머니는 사람들의 눈을 피해 기도하는 데 많은 신경을 쓰셨다. 시골집이기 때문에 문을 걸어 놓으면 보위부의 의심을 받았다. 보위부는 인민반장에게 집집마다 감시를 시켰고, 시골집들은 밤에도 문을 열어 놓아야 했다. 그렇지 않으면 인민반장이 보위부에 신고했기 때문이다. 어머니는 항상 이러한 감시를 두려워했다. 내가 일곱 살 때 어머니가 이렇게 말씀하셨다. "내가 기도할 때에 너는 마당에서 놀고 있어라. 어디 가지 말고 놀다가 누가 오는 것을 보면 뛰어 들어오지 말고 천천히 들어오면서 헛기침을 흠흠 두 번 크게 해라. 그러면 내가 알고 기도를 멈추마." 그러면서 기도하다가 들키면 우리 가족 모두 잡아가니 단단히 망을 보라고 매일 당부하셨다. 또 어른이나 아이 할 것 없이 어느 누구에게도 어머니가 기도한다는 사실을 절대로 말하지 말라고 날마다 말씀하셨다. 그때부터 나는 어머니가 기도하는 시간이면 마당에 나가 망을 봤다.

어머니의 말을 듣고 나는 의문이 들었다. '다른 사람들은 이러지 않는데 우리 엄마는 왜 무서워할까? 엄마는 법을 어기는 나쁜 사람이 아닐까?' 이런 생각이 들면서도 나는 어머니가 하라는 대로 했다. 아이들과 뛰어 놀다가도 혹시 내가 없을 때 어머니가 기도하시다가 누구에게 발각되면 어쩌나

하고 걱정된 적이 한두 번이 아니었다. 그래서 집에 달려와 보면 어머니는 김을 매고 있었다. 나는 내가 망을 보지 않을 때는 어머니가 절대로 기도하지 않는다는 것을 알고 안도의 숨을 내쉬었다.

평생 기도를 쉬지 않으신 어머니

놀랍게도 어머니는 돌아가시기 직전까지 53년이라는 기나긴 세월 동안 단 하루도 빠짐없이 기도하셨다. 매일 흰 저고리와 회색 치마를 차려입고 세수하고 머리를 가지런히 단장하시고 난 후 정성을 다해 하나님께 기도하셨다. 어머니는 "기도는 하나님께 드리는 엄마의 정성이란다"라고 말씀하셨다. 나는 어머니가 왜 그렇게 정성을 드리는지도 이해할 수 없었다. 어쨌든 어린 마음에, 하나님이라는 분은 우리 어머니가 아주 사랑하고 존경하는 분이라는 사실을 새길 수 있었다.

나는 하나님이 사람인 줄 알았다. 어머니가 매일 하나님을 부르고 울며 기도하는 걸 보던 나는 하나님이라는 분이 어떤 사람인지 궁금해졌다. '엄마가 애타게 부르는 하나님이라는 분은 분명 엄마가 사랑하는 분이 틀림없어. 너무 보고 싶고 그리운 사람인가 봐.' 이런 생각이 어린 나이에도 들었다. 그래서 어머니가 울 때마다 어머니 잔등에 엎드려 말하곤 했다. "엄마, 울지 마. 울지 말고 하나님 집에 놀러 가시든가, 아니면 하나님한테 우리 집에 놀러 오라고 하세요." 아홉 살 때는 이렇게 말한 적도 있다. "엄마, 내가 편지를 써 드릴게요. 하나님한테 우리 집에 놀러 오라고 해요." 그러자 어머니는 지금은 하나님께 놀러 못 가지만 나중에는 가게 될 거라고 말해 주셨다.

그러던 어느 날, 집에 불이 나서 모든 것이 타 버렸다. 아궁이 불꽃이 바람에 날려 불이 붙었는데 초가집이라 홀랑 다 타 버리고 만 것이다. 동네 인민반장이 마을 사람들을 동원해서 집을 지어 주겠다고 하자, 부모님은 서로 의논해 마을에서 멀리 떨어진 산 밑에 집터를 잡았다. 그때 나는 인민학교 2학년이었는데 학교가 너무 멀었다. 마을에 내려와서 아이들과 놀려고 해도 멀었다. 달밤이면 동네 아이들은 숨바꼭질하고 어르신들은 명석 깔고 이야기하다 들어가는 것이 그 당시 마을 일상이었다. 하지만 나는 동네 마을까지 내려가려면 공동묘지를 지나야 했기에 무서워 놀란 적이 한두 번이 아니었다. 그래서 어머니에게 왜 마을 안에 집을 짓지 않고 이렇게 멀리 떨어진 곳에 집을 지어 학교도 멀고 동네에서 놀지도 못하게 하느냐고 투정부렸다. 마을까지 내려가려면 공동묘지를 지나야 해서 무섭다고 울면서 말한 적이 한두 번이 아니었다. 그럴 때마다 어머니는 하나밖에 없는 외동딸을 고생시키면 서도, 사람들의 눈을 피해 집을 외딴 데 지은 이유가 기도하 기 위해서라는 말을 하지 못했다.

일곱 살 때 처음 망을 보기 시작한 이래 나는 37년이란 긴 세월 동안 어머니가 기도하시는 시간에 한결같이 망을 봤다. 고난의 행군 때는 먹고 살기 위해 내가 장사에 나서야 했다. 큰딸과 둘째 딸까지 밤낮 장사하는 나를 돕고, 다섯 살 난 셋 째 딸이 외할머니의 기도 망을 보게 되었다. 기도하다가 걸리 면 다 잡아가니 망을 잘 봐야 한다고 어릴 때부터 들었던 어 머니의 말을 내 딸에게 똑같이 했다. 어머니가 마당 뒤뜰에서 기도하시면 손녀가 앞마당에서 망을 봤다. 영하 27도까지 내 려가는 추운 겨울에 뒤뜰 대추나무 밑에서 기도하시는 외할 머니에게 외손녀가 수건과 솜옷을 덮어 드리기도 했다. 더운 여름에 어머니가 이불을 뒤집어쓰고 있자 셋째 딸이 덥고 숨 막힌다고 이불을 열어젖혔다. 그러자 어머니는 "야, 기도한 다" 하시며 이불을 다시 덮고 기도하셨다. 그때부터 셋째 딸 은 할머니가 이불을 뒤집어쓰면 기도하는 것을 알았다.

37년간 내가 어머니의 기도 망을 봤고, 3년간은 셋째 딸이, 대를 이어 40년간 우리 모녀가 어머니의 기도 망을 본 것이 다. 어머니는 일제 강점기에 예수님을 믿은 후 78세에 세상을 떠나시는 그 날까지 하루도 안 빠지고 매일 기도하셨다. 어머니가 그렇게 열심히 기도하고 믿었지만 북한에서는 어머니 외에 다른 사람의 신앙생활을 본 적이 없다. 그런 어머니의 모습이 신앙이라고 생각해 본 적도 없었다. 나도 하나님을 믿은 건 아니었다. 무서워서 어머니가 기도하는 것을 지킨 것뿐이었다. 이 글을 써내려 가노라니 지금 나와 내 자녀들은 하나님을 마음껏 믿을 수 있는데 우리 어머니는 얼마나 힘드셨을까 하는 생각이 든다. 어머니는 하나님을 항상 사랑하고 신뢰하고 경외하는 마음으로 자신의 몸과 마음을 주님께 다 드리지 않았는가. 어머니의 기도하던 모습을 그리며 눈물로 이 글을 써내려 간다.

일제 강점기에 태어난 어머니와 아버지

어머니는 1915년에 함경북도에서 태어나셨다. 외할머니는 병약했고 외할아버지는 일제 강점기에 머슴으로 사셨다고 한다. 어렵고 가난한 가정에서 3남매 중 둘째 딸로 태어난 어머니는 소학교를 다니다가 월사금을 못 내어 2학년 때 중퇴했다. 일본인 선생이 월사금 못 낸 날부터 자리에 앉지 못하게 하고 교실 뒤에 무릎 꿇린 뒤 머리에 송진을 부어

창피를 주었다고 한다. 어머니는 머리에 붙은 송진이 떨어지지 않아 할 수 없이 머리를 빡빡 깎았다. 그 일이 가슴에 사무쳤는지 다시는 일본 식민지가 되어선 안 된다고 말씀하시곤 했다. 어머니는 공부를 하고 싶었지만 기회가 없었다. 학교를 나온 어머니는 열다섯 살부터 일본 집 식모살이를 시작했다.

아버지는 1901년에 함경남도 작은 도시에서 가난한 집안 여섯 형제 중 막내로 태어났다. 아버지는 머리가 총명하고 미남이었다. 열여덟 살 때 3·1운동에 참가했고 조선에는 희망이 없다고 생각하여 일본으로 건너갔다. 일본 도쿄에 가서 잡일을 하면서 유학 생활을 했다. 처음에는 신문 배달을 했는데 2~3층까지 신문을 던지는 걸 잘하지 못해 그만두고 이발을 배웠다고 한다. 1923년 9월 1일 관동 대지진이 일어났을 때, 조선 사람이 건물에 불을 질렀다고 모함하면서 조선 사람들을 닥치는 대로 죽이는 것을 보고 조선으로 돌아갈 결심을 했다고 한다. 귀국한 후에는 함경북도로 가서 살았다.

아버지와 어머니는 두 분 다 재혼이었다. 아버지의 전처는 아이를 못 낳아서 스스로 떠났다고 한다. 어머니의 전 남편은 약사였는데 마약을 심하게 해서 결국 헤어졌다고 한다. 두 분은 중매로 만나 1938년에 결혼했다. 어머니는 재혼 후에도 오랫동안 아이를 낳지 못하다가 해방 다음 해인 1946년에 나를 낳았다. 아버지는 중고 옷 장사를 하시다가 내가 세 살 때

함경남도로 이사한 후 이발사로 일했다. 아버지는 그 지역에서 이름난 이발사였다.

어머니가 어떻게 하나님을 믿게 되었는지는 스물두 살이 되어서야 알게 되었다. 내가 결혼할 나이가 되자 어머니는 나를 어떻게 낳았는지 말해 주셨다. "일제 강점기 때 너희 아버지 첫째 부인이 집안의 대를 끊을 수 없다며 스스로 떠나갔단다. 내가 둘째 부인으로 들어왔는데 나 또한 8년째 아이를 못 낳고 있었지. 일본 집에 머슴살이를 다니면서 일본에서 들여온 좋은 약이란 약은 다 먹고 한약을 먹어도 임신이 되지 않았단다. 그런데 하루는 길에서 만난 어떤 할머니께 한풀이를 했더니 '예수님을 믿으면 아이를 낳는다. 예수님을 믿어라' 이러더라. 그래서 예배당을 다니게 되었지. 그렇게 하나님을 믿고 예배당을 다니면서 너를 낳았다. 그 하나님이 너무 고맙고 감사했단다."

하나님이라는 분이 사람이 아니고 신이라는 것을 그때 처음 알게 되었고, 어머니가 왜 그렇게 하나님을 울며불며 찾았는지 깨달았다. 어머니 마음속에는 8년 만에 자식을 주신 하나님께 감사하는 마음이 차고 넘쳤기에, 하나님을 신뢰하고 경외하는 마음으로 단 하루도 기도를 멈추지 않으셨던 것이다.

이렇게 자유롭고 편한 한국에서도 제대로 기도하지 않고

바르게 믿지 않는 사람들이 많은데, 어머니는 언제 어떻게 잡혀갈지 모르는 어려운 북한 생활 속에서도 40여 년을 하루도 빠뜨리지 않고 하나님을 붙들고 울면서 기도하셨다. 숨을 거두시는 마지막 순간까지 말이다.

신해방지구에서 함경남도까지

1953년 7월 27일에 정전 협정이 이루어지고 이듬해인 1954년 어느 날 김일성 교시가 떨어졌다. 6·25전쟁 이후 신해방지구에 인텔리가 없다고 함북 출신 인텔리를 남쪽으로 이주시키라는 교시였다. '신해방지구'란 개성시, 개풍군, 장풍군, 판문군을 말한다. 일제로부터 독립한 후에 임시로 그어진 38선 이남 땅으로, 예전에는 남한에 속해 있다가 6·25전쟁 후 북한 땅으로 새롭게 해방된 곳이라고 하여 붙여진 이름이었다.

당시 외사촌 큰오빠가 신해방지구 학교 교장으로 있어서 가족이 이사하여 6년간을 거기서 지냈다. 우리 동네에서는 남한 강화도 땅이 보였다. 밤에 불이 비취는 것을 보고 저기가 남조선 땅이구나 생각했다. 나는 그곳에서 인민학교를 다녔다. 그때 나는 여덟 살이었다.

아버지는 협동농장에서 이발사로 배치받아 일했다. 1년에 한 번씩 가을에 식량을 배급받아 생활했다. 북한에서는 1948년 3·5 토지개혁 법령으로 이미 모든 개인농의 토지를 빼앗아 협동농장으로 만들었다. 신해방지구는 원래 남한 땅이었기 때문에 여전히 지주들이 남아 있었는데, 지주들은 버티다가 결국 농지를 다 빼앗기고 굴복하고 말았다.

우리 가족이 살았던 곳은 시내에서 멀리 떨어진 곳이었다. 자동차가 없어서 시내를 한번 가려면 60리(약 23.5km)를 걸어야만 했다. 어릴 때 개풍군 4개 도편제 시낭송 대회에 나가 3등을 한 적이 있는데, 그때 아버지가 30리를 걸어서 시낭송 하는 것을 보러 오셨던 적이 있다. 아버지는 외동딸인 나를 무척이나 사랑하셨다. 인민학교 3학년 때는 포수가 잡아온 호랑이 새끼 가죽으로 내게 털목도리를 만들어 주시기도 했다.

아버지는 성격이 반듯하고 입이 무겁고 모범적인 분이셨다. 술도 드시지 않았고 어머니와도 금슬이 좋았다. 아버지는 한 번도 어머니와 다툰 적이 없었다. 어머니가 성이 나면 아버지가 기다리셨다가 나중에 어머니를 타이르셨다. 한번은 내가 여덟 살 때 자다가 잠꼬대를 하면서 "어머니, 어머니. 다시는 안 그럴게요"라고 외치니까 아버지가 어머니에게 연유를 물으셨다. 어머니가 낮에 나를 묶어 놓고 때린 일을 말하자 음성을 더 낮추시면서 때려서 자식을 교육하는 것이 제일 낙후한 방법이라고 타이르셔서 어머니가 아무 말 못했다고 한다. 한편 내가 장난치면서 까불면 아버지는 늘 어머니가 기도하는 중이니 조용히 하라고 하실 정도로, 어머니의 기도 생활을 대단히 존중하셨다. 비록 아버지가 기도하는 것은 보지 못했지만 말이다.

내가 열세 살이 되던 해 우리 가족은 함경남도로 되돌아갔다. 고향이 그리웠기 때문이다. 그러나 고향에 되돌아가 보니 이발사 자리가 없었다. 행정위원회 로동과에서 아버지를 도자기 공장에 배치했다. 비 오는 날이면 아버지는 우산이나 비옷도 없어서 가마니를 쓰고 비를 맞으며 20리 길을 적성에도 맞지 않는 도자기 공장으로 출퇴근하셨다. 결국 아버지는 고혈압으로 일을 쉬시다가 귀향한 지 1년 만에 이발소에 머리 깎으러 가셨다가 돌아가시고 말았다. 아버지 나이 59세였다.

나는 거기서 고등중학교 시절을 보냈다. 우리 반은 75명이었는데 학교는 흙벽과 양철 문으로 지은 건물이었고 우리는 흙바닥에서 공부했다. 먼지가 많이 나서 휴식 시간마다 바닥에 물을 뿌려야만 했다.

나는 어릴 때부터 간질을 앓았다. 그래서 커서 의사가 되고 싶어 들어가기 어려운 의학대학까지 합격했다. 입학 통지서를 받았지만 나는 눈물을 머금고 포기해야만 했다. 열네 살에 아버지가 돌아가신 후 어머니가 기관지 천식을 앓기 시작하셨다. 어머니가 당신은 신경 쓰지 말고 대학에 가라고 하셨지만 나는 그럴 수 없었다. 기숙사비 등 많은 돈이 필요한데 마련할 길이 없기도 했다.

나는 결국 공부를 포기하고 사회생활을 시작했다. 신발 공장, 제지 공장 등 20여 년 동안 닥치는 대로 직장 생활을 했다. 공부가 하고 싶어 직장 생활을 하면서도 통신대학에 다녔다. 직장 진료소 의사 선생님에게 책을 빌려서 공부하다가 그마저도 결국 포기했다. 중퇴 후 일하러 다니면서도 나는 다른 옷이 없어 3년간 교복을 입고 다녔다. 후에 외손녀가 한국에서 대학에 들어가는 것을 보고 눈물이 났다. 마음껏 공부하지 못한 설움이 아직 남아 있었나 보다.

어머니의 삶과 가르침

어머니가 성경책을 갖고 있는 것을 본 적은 없지만 어머니는 성경에 있는 말을 많이 해 주셨다. 나는 어머니가 생전에 아버지와는 물론이고 이웃과 다투시는 것도 한 번 보지 못했다. 이웃과 갈등이 생겨도 말씀으로 해결하셨고 기도할 때마다 늘 두 팔을 하늘을 향해 올리고 '예수님의 이름

받들어 기도 올립니다'라고 하셨다. 생활 속에서 억울한 일을 당해도 우리가 싸우려고 하면 '악은 선으로 갚아야 한다'라고 말씀하시곤 했다. 그때는 그 말이 무슨 말인지 이해할 수 없었다. 또한 어머니는 다툴 일이 있어도 먼저 내가 상대방에게 무엇을 잘못했는지 살펴보면 상대방과 다투지 않게 된다고 가르쳐 주셨다. 손바닥은 하나만으로 소리 나지 않고 둘이 마주쳐야 나는 것이라고 하면서 참아야 한다고 하셨다. 개인이나 나라 간에도 전쟁을 해 봐야 이익은 없고 파괴와 죽음뿐이라고 하셨다. 지금 와서 생각해 보니 어머니는 늘 하나님의 말씀으로 나를 교육하셨던 것이다. 어머니의 가르침은 지금도 내 가슴속 깊이 새겨져 있다.

또 어머니는 교회를 사랑하셨다. 우리가 살던 마을 서쪽에는 전쟁 후에 십자가만 떨어져 나간 채 수십 년간 방치된 교회 건물이 있었다. 어머니는 기도 전에 늘 세수하시고 머리를 감고 몸을 씻으셨다. 그리고 흰 저고리에 회색 치마를 입고 교회 쪽을 바라보시면서 정성을 다해 기도하셨다. 어머니는 하나님께 기도를 드릴 때는 몸과 마음을 깨끗하게 하고 정성을 다해 기도해야 한다고 늘 말씀하셨다. 그런데 1984년 어느 날 교회 예배당이 다 파괴되었다. 교회 건물을 허물고 그 자리에 중학교를 세웠던 것이다. 교회가 허물어지는 날 그 광경을 본 어머니는 "예배당을 무너뜨리면 천벌을 받는다"고

혼잣말을 하셨다. 예배당이 무너지는 날 어머니는 하루 종일 통곡하며 기도하셨다. 수십 년간 기도 망을 봤던 가운데 가장 오래 기도하신 날이었기에 나도 하루 종일 굶으면서 망을 봐야 했다. 다른 때는 들킬까 봐 오래 기도하지 못하셨는데 그날은 하루 종일 식음을 전폐하고 기도하셨다. 기도를 마치고 나서는 "교회가 무너지니 입맛을 다 잃었다"고 하셨다. 어머니는 교회 문이 다시 열려서 예배를 드려야 한다면서 교회의 회복을 위해 오랜 세월 눈물을 흘리시면서 기도해 오신 터였다.

한국에 와서 역사를 들어 보니 해방 후 북쪽에 들어선 김일성 정권은 교회를 파괴하고 목사와 그리스도인들을 학살했다고 한다. 대구에 있는 낙동강 승전기념관에 갔을 때 남북이 총부리를 맞대고 죽인 희생자 명단을 보며, 내가 살던 곳에 있던 교회가 무너진 기억이 났다. 우시던 어머니의 모습이 떠오르며 전쟁은 없어야 한다는 것을 다시 한 번 깨닫게 되었다.

어머니의 유언과 선물

어머니는 고난의 행군이 본격적으로 시작되었던 1993년 3월 7일에 돌아가셨다. 먹지 못해 힘이 없는 상태에서 손자를 업고 나가시다가 문턱에 걸려서 넘어지셨는데 그 후로 제대로 치료를 받지 못하셨다. 치료를 받으려면 값비싼 약을 사야 하는데, 겨우 죽으로 연명하던 당시 형편으로는 꿈도 꿀 수 없었다. 그 후 어머니는 3년 동안 누워만 계시다가 결국 급성 폐렴으로 돌아가셨다. 어머니가 아파서 누워 있는 동안 셋째 딸이 일곱 살 때부터 대소변을 받아 냈다. 두 살 위 둘째 딸은 강가에서 빨래를 하고 동생 둘을 씻기고 입히며 살았다.

나는 늘 밖에 나가 생선 장사, 사과 장사를 하면서도 정작 생선과 사과를 먹은 적이 없었다. 나는 아이들에게도 당부했다. "생선 하나, 사과 하나도 먹지 마라. 우리는 멀건 죽을 먹으면서 살아야 한다. 이것을 팔아야 우리가 살 수 있으니 먹으면 안 된다." 너무나 먹고 싶은 생선을 보고도 먹지 못하자 어머니는 생선을 포장했던 비닐을 물에 씻어서 끓여 잡수셨다.

돌아가시기 열흘 전부터 어머니의 혀가 두꺼워지면서 발음이 어눌해졌다. "엄마, 발음이 왜 그래요?"라고 묻자 유언을 남기셨다. "내가 간다고 섭섭해 하지 마라. 너에게는 하나님 아버지가 계신다. 너나 자식들이 아파도 하나님께 기도해라. 기도를 쉬지 말고 계속해라. 어렵고 힘들 때면 하나님께 기도를 많이 해라! 네게 있는 딸 셋과 아들 하나, 이 자식들은 하나님이 네게 준 재산이다. 이 재산을 항상 잘 간수해라. 네가 아프거나 자식들이 앓아도 기도해라."

몇 마디 안 되는 유언에 기도를 많이 하라는 말씀을 네 번이나 하셨다. 돌아가시기 직전까지 기도하라는 말을 귀가 아프도록 하셨다. 당시 고난의 행군 때라 아이들과 내가 많이 아팠기 때문에 마음이 놓이지 않아서 그러셨던 것 같다. 어머니가 유언하시는 것을 보면서 이젠 이 땅에서의 삶이 마지막이겠다는 생각이 들어서 평소에 드시지 못한 생선을 사러 시장에 나갔다. 고등어 두 마리를 사서 서둘러 집으로 왔지만 어머니는 이미 눈을 감은 뒤였다. 생선 한 마리 마음껏 드시게 하지도 못하고 떠나보낸 것이 지금도 한이 되었다. 그러나 어머니는 떠나면서까지 내게 선물을 주셨다. 나의 오래된 지병이 낫기를 기도해 주신 것이다.

신해방지구에서 살다가 고향으로 돌아온 후인 열네 살 무렵부터 나는 간질 증세를 보였다. 그때 당장 지낼 곳이 없어 사촌 오빠 집에 얹혀 지냈는데 그 집 식구 일곱 명에 우리 식구까지 총 열 명이 좁은 집에 같이 살았다. 당시에는 15일에 한 번씩 식량 배급을 받았는데 어느 집이나 2~3일은 부족한 양이었기에 집에 손님이 오거나 하면 턱없이 부족했다. 그래서 죽만 먹고 버티다가 영양실조에 걸리면서 간질병이 발병했던 것이다.

간질병이 처음 발병한 날은 3·8절이었다. 3·8절은 북한에서 '국제부녀절'(국제 여성의 날)이라고 하여 매년 3월 8일에 지키는 기념일인데, 마침 그날이 학교 운동회 날이었다. 아침에 죽만 먹고 점심을 굶은 상태에서 오후 5시까지 운동회를 하다가 까무러쳤는데 그날부터 간질병 발작이 시작되었다. 그후로 1년에 한두 번 씩 봄가을이 되면 간질 증상이 나타나고는 했다. 어지러워지다가 두통이 심해지면서 기억을 잃고 쓰러지면 거품을 물고 발작을 했다. 발작 후에는 며칠씩 머리가 아파서 움직이지 못했다.

설상가상으로 발작이 일어난 해 9월에 아버지까지 돌아가셨다. 어떤 약도 효과가 없었다. 어머니는 딸의 병을 고쳐 달라고 매일 울면서 기도하셨다. 남편을 잃고 딸까지 간질병에 걸린 어머니의 심정이 얼마나 고통스러웠겠는가? 나는 어른이 되고 나서도 가끔 발작이 일어났다. 자주는 아니지만 1년에 몇 번씩은 발작을 했다. 고난의 행군 때에는 간질병을 앓으면서도 장사를 해서 일곱 식구를 먹여 살려야만 했다. 그동안 큰딸은 전문학교에 다녔고 어린 자녀들은 장사하는 나를 대신해 어머니가 다 키워 주셨다. 어머니는 딸의 병을 고쳐 달라고 33년을 하루같이 애원하며 간절히 기도하셨다. 어머니가 돌아가시기 직전에도 발작이 있었다.

그런데 신기하게 어머니가 마지막 기도를 마치시고 돌아가신 후로 간질병이 깨끗이 사라졌다. 그 해 이후 지금까지

30년이 넘도록 발작이 한 번도 없다. 동네 사람들이 수군거렸다. "엄마가 하늘에 가면서 딸의 병을 다 거둬 갔나 보네."

기적이 일어났다. 하지만 어머니는 내가 간질병이 나은 것을 보지 못하고 돌아가셨다. 나는 통곡을 하면서 매일 감사기도를 드린다. "하늘에 계신 우리 어머니에게 제 병이 나았다고 전해 주세요. 내가 나은 걸 엄마가 보고 갔다면 이렇게 마음이 아프지 않았을 텐데…." 딸의 병을 고쳐 달라고 두 손 모아 30여 년을 매일같이 기도하신 어머니의 기도 응답으로 내 병이 나아 오늘의 이 행복과 기쁨이 있다.

> "그의 소문이 온 수리아에 퍼진지라 사람들이 모든 앓는 자 곧 각종 병에 걸려서 고통당하는 자, 귀신 들린 자, 간질하는 자, 중풍병자들을 데려오니 그들을 고치시더라"(마 4:24).

나는 평생을 기도하신 어머니의 모습을 보았고 간질병도 기적적으로 나았지만 여전히 하나님을 믿지 않았다. 어머니가 기도하라고 간절히 부탁을 하고 돌아가셨지만, 내 마음은 오직 김일성 주체사상으로 가득해서 '수령님께 충성해야 한다'는 생각에만 사로잡혀 있었다. 당은 우리의 '햇빛'이라는 생각이 내 머릿속에 있었다. 어머니는 나를 이 땅에 태어나게 해 주시고 부모님의 기쁨이 되게 하신 분이 하나님이시라고 내게 알려 주셨지만, 나는 오직 김일성만 유일한 구원자라고 믿고 살았다. 그때 내가 왜 그렇게 하나님을 믿지 않고 기도하지 않았던가 지금 와서야 후회하곤 한다. 어머니의 기도 응답으로 오늘날 나와 자녀들과 후손들은 하늘의 별만큼, 바닷가의 셀 수 없는 모래알만큼 많은 은혜를 하나님으로부터 받은 가정이 되었다!

결혼과 잃어버린 네 아들

남편은 1941년 중국 하얼빈에서 태어났다. 남편의 부모님은 전라남도 정읍 출신이었는데 일제가 조선 사람에게 일본식으로 개명을 요구하자, 시아버지는 창씨개명 반대 투쟁 조직을 만들어 투쟁하다가 경찰에 체포당할 위기에 처했다. 일본 경찰은 집에까지 찾아와 시어머니를 반죽음이 되도록 때렸다. 결국 두 분은 어린 딸의 손을 잡고 큰아들을 업은 채 중국으로 건너갔다. 그 후 내 남편은 중국에서 태어났다.

남편은 하얼빈에서 중학교를 졸업한 후 사탕 공장에서 일했다. 마오쩌둥이 문화대혁명을 일으키기 직전 중국이 경제적으로 너무나 어려워지자, 남편은 스무 살 때 북한으로 건너 갔고 남동생도 그 뒤를 따라 북한으로 갔다. 남편은 경제대학 피복학과에서 공부했다. 졸업반 때 축구를 하다가 다리를 다 쳐 대퇴골을 수술했는데, 그로 인해 다리를 절었다.

내가 남편을 만난 것은 스물두 살 때였다. 당시 스물일곱 살이었던 남편은 우리 마을에 실습을 나왔다가 사촌 오빠 집 에서 나를 보고 사촌 오빠에게 소개해 달라고 부탁해 만나기 시작했다. 우리는 1968년 10월 28일에 결혼하여 원래 살던 집에 어머니를 모시고 같이 살았다. 당국에서는 남편을 피복 공장에 배치해 주었다. 그곳은 국가 유공자 가족들이 일하는 공장이었다.

남편은 고향에 가 보고 싶다는 말을 자주 했고 중국에 남 은 가족들과 편지와 사진을 주고받기도 했다. 그러나 남편이 하얼빈을 방문할 수 있었던 것은 그로부터 오랜 시간이 지난 후인 1991년이 되어서였다.

결혼 후 나는 딸 셋에 아들 다섯을 낳았지만 그중 네 명의 아들을 잃었다. 첫 아들은 태어난 지 일주일 만에 하늘로 보 냈다. 아이가 태어나자마자 입 안에 좁쌀 같은 것이 돋아나서 젖을 빨지 못했다. 병원에 데려가니 파상풍에 걸린다고 건드 리지 말라고 해서 그대로 두었더니 일주일 만에 죽었다. 깨끗 한 수건으로 닦아 주면 되는데 몰라서 그대로 뒀던 것이 화근이었다. 큰딸이 네 살 되던 해에 아들을 낳았는데 선천성 심장판막증으로 4개월 만에 죽고 말았다. 세 번째 낳은 아들 역시 제왕 절개 수술을 하다가 죽고 말았다. 그 당시 나는 대수술을 두 번이나 한 상태였다. 임신 6개월 때에 하혈을 하였고 7개월 때 아이를 조산했다. 자궁 정맥이 터져서 세 시간 동안 피를 흘린 힘든 상황이었다. 수혈을 받을 수가 없는 데다가 담당 산부인과 과장이 의료 사고로 처벌을 받아 무보수로 식당에서 일하고 있는 바람에 진료를 제대로 받지 못했던 것이다. 과다 출혈로 피골이 상접해 있었다. 생명이 위험하기 때문에 수술 여부를 빨리 결정해야 했는데도 의사들은 어떻게 해야 할지 결단을 내리지 못하고 있었다. 결국 나중에 데려온 산부인과 과장이 "수술을 해야 한다. 빨리 아이를 들어내야 출혈이 멈춘다"는 말과 함께 마취제를 놓았고 급한 나머지 마취제를 놓자마자 내 배를 칼로 열기 시작했다. 나는 마취제가 미처 들기도 전에 생배를 가르는 고통을 당했다.

"악! 살려 주세요. 저는 자식들이 있습니다!" 그 순간 자식들은 하나님이 주신 재산이니 잘 간수하라는 어머니의 말씀이 떠올랐다. 내가 죽으면 자식들을 어떻게 살리겠는가 하는 생각이 들었다. 결국 나는 살아났지만 아이는 하루 만에 죽고 말았다. 그 후로 기력이 없어지고 혈압이 낮아져 오늘날까지 건강이 좋지 않다.

그 후에 낳은 아들이 광명이었다. 광명이가 막 세 살 되던 해에 아직 '엄마, 아빠' 한두 마디 말밖에 못 하는 아이를 탁아소에 처음 보냈다. 그날 사고가 터졌다. 소식을 듣고 아침 10시에 가 보니 광명이가 고압선에 감전되어 죽어 있었다. 북한에서는 아이들이 처음 탁아소에 가면 전염병 예방을 위해 따로 울타리를 친 격리실에서 40일을 지낸 후 들여보낸다. 그런데 탁아소 안에 격리실을 둘 장소가 없어서 바깥에 있는 작업반에 만들어 두었다. 그곳은 고압선이 천장에서부터 드리워져 있는 상태였는데 아이가 지나가다가 목에 고압선이 걸려 감전사한 것이다. 그 아이를 죽게 만든 책임은 고압선이 땅에 떨어져 있는 것을 보고서도 치우지 않았던 작업반장에게 있었다. 광명이는 내가 두 번이나 수술한 상태에서 임신을 했기에 배에 복대를 한 채 어머니가 나의 대소변을 다 받아 주면서까지 낳은 귀한 아들이었다. 그런 아들이 하루아침에 죽어 버렸다. 나는 하루에도 몇 번씩 아이가 묻혀 있는 무덤을 찾아가 통곡하면서 울었고 남편도 거리를 헤매고 다니면서 아이의 이름을 불렀다. 초급당 비서와 보육원, 작업반장의 목이 날아갈 사건이었다. 그러나 나는 하루에도 몇 번이나 찾아가 그들을 감옥에 넣지 말아 달라고 부탁했다. "그들을 감옥에 집어넣는다고 해서 죽은 내 아들이 살아 돌아오지 않는다. 그러니 그들을 처벌을 하지 말아 달라"고 부탁했다.

나는 그들을 용서하기로 결심했다. 그렇게 한 이유는 어머니가 내게 하신 말씀 때문이다. 어머님은 늘 "마귀에게 지지 말고 선으로 악을 갚아라. 싸움을 하지 말아라. 싸움을 해서 남는 이익은 없다. 나라나 개인이나 싸움을 해서는 남는 게 없다"라고 말씀하셨다. 이 말씀이 가슴속에 새겨져 있었기에 아들의 죽음 앞에서도 떠올랐던 것이다. 어머니는 성경을 갖고 있지는 않았지만 마음속에 있는 말씀을 우리에게 항상 들려주셨다.

막내 아이를 임신했을 무렵 북한에서는 고난의 행군이 시작되기 직전이었고 이미 경제난이 심각했다. 임신 중에 허기로 잠들 수 없어 서러워 우는 밤이 이어졌다. 결국 아들을 만 8개월 만에 조산했다. 영양실조였던 아들은 뼈에 껍질만 붙어 있는 모양이었다. 의사도 살 가망이 없다고 침대 밑에 밀어 넣으라고 했다. 아들을 낳았다고 문안 왔던 마을 사람들도 아이가 살 가망이 없다는 듯이 머리를 흔들며 나가 버렸다. 당시 북한에는 인큐베이터나 분유가 없었다. 아들은 눈을 뜨지 못했고 입도 제대로 놀리지 못해 젖을 빨지 못했다. 영양 상태만 좋으면 8개월 만에 조산해도 살 수도 있다고 했지만 출산 전 영양 상태가 너무 나빴던 것이다.

그 모습을 본 어머니는 내 아들을 안고 기도하셨다. "예수님! 예수님! 내 손주를 살려 주세요. 눈을 뜨게 해 주세요. 입을 놀려 젖을 빨게 해 주세요!" 어머니의 뜨거운 눈물이 아들의 얼굴에 흘러내렸고, 나 역시 흐르는 눈물을 감당할 수 없었다. 숨이 팔딱거리는 손주를 안고 주님께 간절히 기도하던 어머니의 모습이 30여 년이 지난 오늘에도 생생히 기억난다. 어머니는 하나님께 애원하며 기도했다. "이 딸을 나에게 주신 것같이 내 딸에게 이 아들을 안겨 주세요." 입을 놀리지 못하고 눈도 전혀 못 뜨던 아들의 심장이 팔딱팔딱 뛰기 시작했다. 젖을 짜서 입을 벌려 숟가락으로 억지로 떠 넣으면 다 밖으로 흘러내렸다. 어쩌다 한 번씩 꺽꺽거리며 한 모금씩 겨우 넘기곤 했다. 이렇게 밤낮으로 어머니가 아들의 입을 벌리면 내가 숟가락에 젖을 떠 넣었다. 어머니가 한 달 내내 계속 기도하자 하루에 단 몇 모금밖에 젖을 먹지 못하던 아이가 어느 날부터 눈을 가늘게 뜨고 젖을 빨려고 입을 약간씩 오물거리기 시작했다. 그때부터 하루하루 달라지기 시작하더니, 한 달 후에는 정상적인 상태로 회복되었다. 세상 사람들과 의사는 못 살 거라고 했던 아들을 주님이 능력으로 살려 주셨다. 죽은 자도 살리는 예수 그리스도의 능력이 내 아들을 살려 주신 것이다.

이제 서른여섯 살인 내 아들은 여전히 북한 땅에 남겨져 있지만 어떤 어려운 생활 속에서도 하나님이 살려 주고 계신다. 하나님께서 내 아들의 삶과 운명, 인생을 책임지시고 주관하실 줄 믿는다. 나는 지금도 사랑하는 아들과 만나 기뻐할 통일의 그날을 위해 기도한다.

고난의 행군이 시작되다

1994년 고난의 행군이 시작되었다. 고난의 행군이란 북한에서 기아와 경제난으로 약 300만 명이 굶어 죽은 시기를 말한다. 고난의 행군이 시작되기 전 나는 신발 공장에서 일하고 있었다. 수작업으로 가죽 신발을 만드는 곳이었다. 남편은 피복 공장에서 기술준비실장으로 일했다. 1994년 7월 8일, 김일성이 죽었다는 보도가 스피커에서 울려 퍼졌다. 당시는 TV가 많이 없던 시절이다. 사실 김일성이 죽기 전부터 경제는 점점 힘들어져서 배급이 줄었던 터였다. 배급은 이미 줄었는데 평소보다 식량이 2~3일치 더 적어진 터라 생활에 타격이 컸다. 김일성의 사망 소식에 사람들은 앞이 캄캄하여 많이 울었다. 식량난이 심각해지면서 일을 해도 식량을 배급해 주지 않았다. 20년 동안 회사 생활을 한 나도 고난의 행군 몇 년 전부터 식량을 배급받지 못했다. '이제는 회사를 다녀도 못 살겠구나, 장사를 해야겠다'라고 생각할 수밖에 없었다. 그때만 해도 시장경제라는 것이 없었는데 고난의 행군을 계기로 장마당(시장)이 발전하게 되었다.

고난의 행군이 시작되니 남편도 할 일이 없어졌다. 당시 남편은 공장 실장으로 있었지만 배급과 노임을 못 받으니 공장에 출근할 필요를 느끼지 못했다. 집에 있는 재봉틀이라도 돌려서 옷을 만들어 끼니를 해결하고자 했지만 옷을 맞추러 오는 사람도 없었다. 식량을 사려고 갖고 있던 옷도 다 팔아넘기는 형편에 누가 옷을 맞추러 오겠는가. 당연히 일감이 없었다. 그래서 남편이 한 일은 땔감을 주워 오는 것이었다. 고난의 행군 때에는 땔감도 구하기 힘들었다. 식량이 모자라니 생쌀을 물탕(미음)으로 끓여야 양이 늘어나는데, 쌀을 끓일 땔감이 없었다. 산에서 나무를 잘라 땔감을 마련하려고 해도 산림보호원의 감시 때문에 구하지 못했다. 결국 남편과 어린 막내아들은 개천가의 쓰레기통을 뒤지기 시작했다. 처음에는 쓰레기 비닐봉지를 주워서 땔감으로 삼았다. 그것도 구할 수 없게 되자 시체를 담는 데 쓰던 나무늘(관)을 가지고 왔다. 당시 북한에서는 사람이 굶어 죽으면 뼈만 남을 때까지 관에 넣어두었다. 그러다 청명절(4월 5일)이 되면 관에서 시체를 꺼내 닦아 내고 뼈만 다시 맞추어서 새로운 관에 넣었다. 청명절은 북한의 민속 명절 중 하나로 조상의 묘를 찾아가 운명을 비는 날이다. 남편은 땔감을 구하지 못해 어쩔 수 없이 시체를 담았던 관을 가져왔다. 사람의 기름이 묻어 있어서 화력은 좋

앉지만 냄새가 집안에 가득 찼고 기름이 온 집안에 찐득찐득 달라붙었다. 시체 썩은 냄새는 너무나 고약하여 아이들이 코를 막고 토하면서 밖에 나가곤 했다. 나는 아이들에게 나가 있으라고 말했다. 그러나 나는 코와 입을 막고서라도 죽을 끓여야 했다. 그래야 우리 식구가 살 수 있으니까 말이다. 아이들은 그 냄새를 맡고 기절하기도 했다. 온 집안에 문을 열어놔도 소용이 없었다. 아이들은 소리를 쳤다. "아버지, 우리가 생쌀을 먹을게요. 다시는 그런 늘(棺)을 가져오지 마세요." 그만큼 당시에는 땔감 구하기도 하늘의 별 따기였다.

고난의 행군과 더불어 김정일 시대부터 공개 처형이 많아졌다. 한번은 두 형제가 협동농장에서 쓰는 나뭇가지를 땔감으로 쓰려고 훔쳐 나오다가 경비원에게 잡혔다. 잘못했다고 비는데도 때리자, 동생이 트랙터 스패너로 경비원을 내리쳐 죽이고 말았다. 스무 살 난 형은 그대로 감옥에 갇혔다가 급성 장염으로 죽었고 열여덟 살 동생은 공개 처형을 한다고 마을 공터에 사람들을 모이게 했다. 아이를 데리고 나오는데 팔 관절을 다 부러뜨렸는지 흐느적거렸다. 집행관이 아이의 입을 틀어막았던 것을 빼고 하고 싶은 말을 하라고 하니 그 아이가 말했다. "우리나라 주민이 불쌍하다. 나무도 못 가져가게 하고 식량도 주지 않는데 어떻게 살겠는가?"

그러자 집행관은 모두가 보는 앞에서 아이를 목매달았다. 그 형제의 어머니와 누나는 공개 재판에 왔다가 그 광경을 보고 미쳐서 아이 이름을 부르며 온 시내를 돌아다녔다. 그 모습에 눈물을 흘리지 않은 사람이 없었다.

고난의 행군 동안에는 사방에 굶어 죽은 사람들의 시체가 가득했다. 식당, 여관, 장마당, 역전에 죽은 시체들이 방치되어 여름이 되면 송장 썩는 냄새가 곳곳에서 진동했다. 열차 칸에 앉아 죽은 시체도 며칠씩 그대로 방치되었다.

예닐곱 살 되는 아이들은 수도에서 물을 받아 기차 창밖에서 물을 팔았다. "물 사 주세요, 물 사 주세요." 모두 부모가 죽은 고아들이었다. 이런 아이들을 '꽃제비'라고 불렀다. 꽃제비들 중에는 수용소에 잡혀가는 아이들도 있었다. 황해남도 청단, 황해북도 사리원 등에 꽃제비 수용소가 있었다. 셋째 딸도 잡혀간 적이 있다. 딸이 장사를 하다가 밑천이 떨어져 바닷가 마을에서 지내면서 조개잡이 일을 하던 때였다. 너무 배가 고파 조개를 캐 먹었는데 들켜서 쫓겨났다가 길에서 잡혀 꽃제비 수용소에 강제 수용되어 3개월을 지냈던 것이다. 고난의 행군 당시에는 이런 일이 비일비재했다. 그 누구도 상상 못할 일이 벌어지는 생지옥이었다.

먹고살기 힘든 와중에도 큰딸은 전문학교에서 공부를 하

고 있었다. 큰딸을 대학까지 공부시키겠다는 나의 욕망이 강했기 때문이다. 학창 시절 7대 1의 경쟁률을 뚫고 의학대학에 합격했음에도 포기해야만 했기에 그랬으리라. 남들은 들어가고 싶어도 못 들어가는 의대를 포기한 만큼 내 딸은 기어코 대학에 보내야겠다는 생각에 큰딸을 전문학교에 보냈다.

막내아들이 일곱 살이 되었을 때 다른 아이들이 학교를 가는 것을 보고 부러워했지만 보낼 수가 없었다. 둘째, 셋째 딸도 중학교 2학년까지만 다니다가 중퇴하고 나를 도와 장사를 시작했다. 네 아들을 하늘나라에 보내고 낳은 막내아들이었지만 그렇게 가고 싶어 하는 학교를 보내지 못했다. 큰딸도 졸업을 2개월 앞두고 내가 허리를 다쳐 장사를 못하게 되자 결국 졸업을 포기하고 어린 동생들을 데리고 나 대신 과일 장사를 시작했다.

장사에 나서다

고난의 행군 이전부터 심각한 경제난을 겪으면서 장사만이 먹고사는 길이라는 것을 깨닫고 88년부터 친구를 따라다니며 장사를 배우기 시작했다. 처음 시작한 장사는 가장 힘들다는 생선 장사였다. 집에서 100리나 떨어진 바닷가에 가서 생선을 등에 지고 와 팔았다. 기사에게 담배 한 갑을 쥐어 주고 차를 얻어 타고 바닷가까지 가서 생선을 사 왔다. 장사 밑천이 없어서 다른 사람들이 1,000원으로 시작할 때 나는 150원으로 시작했다. 쌀 2kg 살 정도밖에 안 되는 돈으로 장사를 시작해 식구들을 먹여 살렸던 것이다. 오늘날 생각해 보니, 나의 힘과 노력이 아니고 어머니가 힘이 다 떨어질 때까지 쉬지 않으신 기도의 응답으로 일곱 식구가 굶어 죽지 않고 살 수 있었던 것 같다.

다른 사람들은 장사 밑천이 많아 살아 있는 생선을 받아서 팔았지만 나는 돌처럼 무거운 냉동 명태를 100리 길을 등에 지고 와서 팔아야 했다. 냉동 생선을 등에 진 채 산을 넘어갈 때는 모세혈관이 터져서 목에서 피가 올라왔다.

장사를 시작하고는 10년 동안 집에서 편하게 자 본 적이 거의 없었다. 낮에는 냉동 생선을 지고 와서 팔고, 밤에는 열차에서 사과를 팔았다. 해질녘에 기차를 타서 다음날 새벽에 종점에 도착할 때까지 기차를 열두 번이나 갈아타야 했다. 마음대로 사과를 팔 수 있었으면 얼마나 좋았겠느냐마는 허가받은 영업원들만 기차에서 물품을 팔 수 있었고 불법 판매 단속이 심했기에 몰래 기차를 탈 수밖에 없었다. 원래는 행정기관에서 발급해 주는 여행 통행증이 있어야만 다른 지방으로 가는 기차를 탈 수 있었다. 그러나 기근으로 굶어 죽게 되자 너도 나도 여행 통행증 없이 소위 '도둑차'를 타고 살길을 찾아다녔다. 친척 집을 오가다가 목적지까지 못 가고 기차 안에서 죽은 사람, 양식을 갖고 오다가 기차 칸이나 기차역 대합실에서 죽은 사람도 많았다. 시체 냄새를 맡으면서도 내 자식들이 죽을 판이라 그런 것은 눈에 들어오지도 않았다. 무더운 여름에는 썩는 냄새가 나고 파리가 들끓었다. 그런 상황 속에서 기차를 매일 열두 번 갈아타면서 일곱 식구의 생계를 이어갔다.

기차를 타려면 특수 순찰병 못지않게 재빨라야 했다. 혹시라도 철도 검열원에게 적발되면 가지고 있던 사과와 돈을 다 뺏겨서 식구들이 며칠씩 굶어야 했다. 나는 자궁 안에 돈을 감추기도 했다. 원래 여자는 여자 검열관이 단속했지만, 때로는 남자 검열관이 여자 자궁에까지 손을 넣어서 돈을 끄집어 내기도 했다. 그것이 제일 두려웠다.

걸리지 않으려면 기차 안에 들어가자마자 5분 만에 물건을 다 팔아야 했다. 다행히 북쪽 지방에서는 사과가 보기 힘든 것이기에 삽시간에 다 팔렸다. 5분 안에 사과를 팔아 '내 자식을 살리느냐, 굶겨 죽이느냐'라는 절박감에 온통 신경이 곤두서곤 했다. 올림픽에서 금메달을 딴 달리기 선수보다도 더 빨리 움직여야 했다. 달리는 기차에 수십 번 뛰어 올랐다. 그렇게 팔고 내리면 전신이 땀범벅이 되었다. 그러면서 '오늘은 우리 자식들을 먹일 수 있겠구나' 하는 안도의 한숨이 나왔다. 기차를 한번 놓치면 사나흘 간은 기다려야 하기 때문에 신경을 잔뜩 쓰며 기다리는 중에 쪽잠을 잘 수밖에 없었다.

올라탄 기차에서 창밖을 보면 거지같이 남루한 아이들이 병에 물을 담아 물을 사 달라고 애절하게 외치고 있었다. 그 물을 팔아야만 한 끼 식사를 해결할 수 있었던 것이다. 돌보아 줄 부모나 보호자가 다 죽고 없는 고아들이었다. 역전마다 물 좀 사 달라고 외치면서 발버둥치는 아이들의 얼굴을 차마 볼 수가 없었다. 너무 불쌍하고 내 자식이 떠올라 딱 한 번 물 한 병을 사 준 적이 있었다. 하지만 더 이상은 나도 사 줄 형편이 못 되었다.

우리 아이들도 한창 엄마 앞에서 재롱을 피워야 할 나이에 하루 종일 나만 기다렸다. 내가 잠시 들어왔다가 다시 일하러 나가면 얼굴도 제대로 보지 못한 채 다시 헤어져야 했다. "엄마, 빨리 갔다 오세요." 아이들이 문간에 나와 인사해도, 나는 뒤돌아볼 여유도 없이 달려가야 했다. 아이들이 인사할 때에 한 번도 뒤돌아봐 주지 못한 것이 지금도 너무나 가슴 아픈 기억으로 남아 있다. 뒤돌아봐 주었으면 아이들에게 작으나마 위로가 되었을 텐데 너무 바쁜 나머지 그렇게 할 수 없었다. 꽥 하는 기차 경적 소리가 들리면 그 기차를 놓치지 않기 위해 앞만 보고 달려야 했다.

고난 속에서 돌보시다

하루는 시장에서 장사를 마치고 집에 가려는데 내 앞에 돈 가방이 떨어져 있는 것을 발견했다. 나는 얼른 돈 가방을 발로 밟고 누가 볼까 봐 가리고 섰다. 순간 내 속에서 갈등이 강하게 일어났다. '내가 이걸 가로채면 잃어버린 사람은 어떻게 되겠는가? 이 돈을 내가 가질 것인가 아니면 주인에게 찾아 줄 것인가?' 정말 먹고 살기 힘든 상황이었기에 큰돈을 보고 욕심이 없었다면 거짓말일 것이다. 그 돈만 손에 쥐면 사과 장사를 더 크게 해서 가족들을 더 수월하게 먹여 살릴 수 있었다. 하지만 그때 어머니가 평소에 하시던 말씀이 생각났다. "남의 것을 주우면 반드시 찾아 주어야 한다. 남의 것을 가로채면 그 몇 배나 더 빠져나가는 법이다." 나는 결국 그 돈을 돌려주기로 결심했다.

사실 그때는 빨리 감자를 사서 아이들에게 건네주고 다시 기차를 타 사과 장사를 하러 가야 할 상황이었다. 기차를 놓치면 아이들이 며칠을 굶게 되는 긴박한 시간이었다. 그럼에도 '누군가 반드시 이 돈 가방을 찾아올 것이다'라고 생각하고 그 자리에서 서서 기다리고 있었다. 그때 마침 여자 하나가 달려왔는데, 나와 서로 잘 알던 공업품 장수였다. 그 여자의 눈이 허망하게 이리저리 돌아가는 걸 보고 그 여자를 붙들어 물었다. "왜 그래요. 뭐라도 잃어버렸나요?" 그 여자는 정신 나간 사람처럼 이곳저곳을 헤매고 다니며 울면서 말했다. "물어보지 마세요. 내가 지금 돈 가방을 잃어버렸는데 그 안에 3,000원이 들었어요. 그 돈을 잃어버리면 가족들 굶어 죽는데 어디 가서 찾겠습니까?" "진정하세요. 잃어버린 돈을 어디에 넣어 두었나요?" "돈 가방에 넣어 두었어요." "돈 가방 크기는 어느 정도고 색깔은 무슨 색이야요?" 나는 정확하게 주인을 찾아 줘야 하기에 자세히 물었다. 내가 꼬치꼬치 묻는 것을 이상하게 여긴 그 여자는 내게 다가왔다. 그러더니 내가 밟고 있던 돈 가방을 와락 당기려 했다. "진정해요. 이 가방이 자기 것 맞아요?" 그 여자는 맞다 하면서 한마디를 겨우 남기며 신이 나서 쌩하니 달려갔다. "내일 국수 한 그릇 사 드릴게요."

주변에 감자, 채소 파는 사람들이 지켜보다가 그 큰돈을 찾아 주었는데 돈 일전 보상도 안 하고 그냥 내빼느냐며 욕을 했다. 하지만 나는 돈을 찾아서 너무 기뻐서 그러는 마음이 이해가 갔기에 그들을 말렸다. 내가 돈의 유혹을 뿌리칠 수 있었던 것은 평소 정직하라고 하신 어머니의 말씀 때문이었다. 후에 중국에서 성경 말씀을 읽고 나서야 어머니가 하신 말씀이 다 하나님의 말씀이었다는 것을 알게 되었다.

하루는 달리는 기차에 뛰어들고 보니 목구멍에서 뜨뜻미지근한 피가 올라왔다. 북한 기차는 서로 밀고 당기느라 힘센 사람만 탈 수 있었다. 그렇게 밀치고 탄 기차 안은 사람들로 북새통이었다. 설 자리 앉을 자리가 없었지만 그 사이를 비집고 다니면서 사과를 팔았다. 사과를 어느 정도 팔고 나서 잠을 청했다. 나는 객차와 객차 사이를 잇는 연결고리 위에 자리를 잡고 잠을 청했다. 거기는 아무도 없었기 때문이다. 그러다가 잠이 너무 모자라 정신이 몽롱한 상태에서 발을 헛디뎌 연결 쇠고리에 발이 끼어 버렸다. 복사뼈가 작은 조각으로 다 부서졌다. 그렇게 기차에 다리가 낀 상태로 30리를 가야 했다. 다른 쪽 다리까지 통나무처럼 퉁퉁 부어올랐다. 뼈가 부서져 마비가 오는 그 고통은 이루 말로 할 수 없었다.

다음 역에 도착하자 옆에서 보고 있던 한 청년이 나를 업어서 기차에서 내려 주었다. 내가 메고 있던 짐이 얼마나 컸던지 등에 지면 뒤에서 몸이 보이지 않을 정도였다. 그 무거운 배낭을 메고 뒤쪽에 있는 짐차까지 가야 했다. 아픈 다리 때문에 걸어갈 수 없었던 나는 엎드려서 손으로 몸을 끌면서 그 뒤에 있는 기차 칸까지 기어갔다. 고통으로 심장이 터질 것 같았지만, 내 심장이 터지는 한이 있어도 자식들을 굶겨 죽일 수는 없다는 일념으로 통증을 참으며 기어갔다. 60kg이 넘는 짐을 메고 두 다리가 성해도 올라가기 힘든 기차에 올라가려고 안간힘을 쓰다가 다른 사람들에게 밟히기 시작했다. 많은 사람들이 부러진 다리를 밟고 지나가자 나는 고통을 못 이겨 비명을 질렀다. "악! 사람 살려!"

그러자 군관들이 달려와 총을 겨누면서 말했다. "사람이 죽는다고 하는데 왜 서지 않느냐? 서라! 서라!" 그러자 사람들이 뒤로 슬금슬금 물러나기 시작했다. 사람들이 나를 짓밟고 올라간 것은 어떻게 보면 당연한 본능이었다. 먹고살려면 기차를 타야 하니 다른 사람이 어떻게 되든 상관하지 않았던 것이다. 군관들이 총을 겨누면서 다 물러서게 하고 내게 물었다. "집이 어딥네까?"

사실 집은 거기서 가까웠지만 나는 이 기차를 타야 집에 간다고 둘러댔다. 그 기차를 타야만 사과를 팔 수 있었기 때문이다. 사람들이 많아서 숨도 쉬기 힘든데 바닥에 엎드려서 사람들에게 외쳤다. "이 사과를 사 주시요. 이 사과를 팔지 않으면 내 자식들이 죽습네다." 정말 어려운 환경에서도 사람들이 사과를 사고 내 손에 돈을 쥐어 주었다. 삽시간에 사과를 다 팔았다. 그 돈으로 옥수수 가루를 사서 아이들을 먹일 수 있었다.

발목뼈를 다친 나는 기차 역전에 사는 친구 집에 잠시 머물다가 제대로 치료도 못 받고 집에 돌아왔다. 약도 변변히 먹지 못했다. 이전에는 무상 치료였지만 경제난이 심해진 후로는 시장에 가서 돈을 내야 했다. 당장 식구들이 굶어 죽을 형편인데 꾸준한 치료는 꿈도 꿀 수 없었다. 너무 아픈 나머지 빨리 죽고 싶었다. 거의 잠을 자지 못했다. 3개월이 지나고 나서야 조금 걷기 시작하다가 다시 뼈에 금이 갔다. 그래도 병원에서는 안 걸으면 앉은뱅이가 된다고 해서 자꾸 넘어져도 걷기를 연습했다.

걷게 되자마자 나는 다시 사과 장사를 하러 매일같이 야간 기차에 올랐다. 그러던 어느 날, 짐을 등에 진 채로 높은 철교에서 떨어졌다. 그로 인해 허리가 납작하게 짓눌렸고 허리뼈에 금이 갔다. 설상가상으로 뒤로 떨어지면서 뇌진탕을 당해 지금도 그 후유증을 겪고 있다. 그 일로 인해 늘 속이 메스껍고 머리가 아프고 힘이 없다. 다리와 허리를 다치게 된 나는 결국 더 이상 장사를 할 수 없었다.

당시에 큰딸이 학교를 그만두고 장사를 시작한 지 얼마 되지 않은 때였다. 내가 다리와 허리를 제대로 못 쓰게 되자, 둘째 딸과 셋째 딸도 열한 살, 아홉 살이라는 어린 나이로 같이 장사에 나서게 되었다. 큰딸과 둘째 딸이 20리 떨어진 농촌까지 걸어가 솥이나 그릇에 사과를 받아오면 셋째 딸이 시장에 나가서 파는 일을 했다. 그러다가 더 이상 장사를 할 수 없는 지경이 되자, 먹을 것이 다 떨어져 남은 것이라고는 소금물밖에 없는 극한 상황까지 오게 되었다. 소금마저 다 떨어지고 13일을 굶은 우리는 집안에 드러누워 있었다. 온 식구가 힘이 없어 누워 있는데 내 옆에 누워 있던 둘째 딸이 개미 소리만 한 소리로 말했다. "엄마, 나는 더 살고파." 딸의 말을 듣고 대답할 기운도 없던 내 눈에서 눈물이 흘러 내 귀를 가득 채웠다.

다들 힘이 없어 집안에 너부러져 있었고 1분 후에 죽을지 3분 후에 죽을지 모르는 위기의 순간이었다. 그때 마침 남편 친구의 아들이 옥수수 가루를 가지고 왔다. 친구 아들은 대낮에 문이 다 잠겨 있는 것을 보고 이상하게 여겼다. "아니, 이 집은 대식구인데 왜 대낮에 대문을 걸어 잠갔지?"

담장을 뛰어넘어 집에 들어와 보니 온 식구가 드러누워 있었고 귀를 대 보니 심장은 뛰는데 아무도 의식이 없었다고 한다. 가져온 옥수수 가루로 재빨리 미음을 쑤어서 혼수상태인 우리들에게 먹이려고 했지만 땔감도 없었다. 창고 안에 해진 고무신을 가져다 아궁이에 넣어서 불을 지폈다. 그러자 시커먼 연기와 지독한 냄새가 온 집안에 가득했다. 굶어 죽기 전에 유독 가스에 질식해 죽겠다는 생각에 그는 너부러진 우리를 질질 끌어 마당에 내놓았다. 그리고 가루로 미음을 쑤어서 멀건 물을 한 숟가락씩 먹여서 간신히 살렸다고 한다. 우리가 그렇게 살아난 것은 우연이 아니었다. 우리 어머니의 기도를 들어주신 하나님이 우리를 살려 주신 것이라고 밖에는 생각할 수 없다.

흩어진 가족

가까스로 살아난 나는 생각했다. '안 되겠다, 중국에 있는 남편 친척들의 도움을 받자.' 남편이 태어난 고향은 중국 하얼빈이다. 그곳에 있는 형제 남매들은 옷을 보내 주기도 하고 편지 왕래도 했다. 그래서 전화번호를 알고 있었다.

남편은 1991년 11월에 중국 친척 방문 여권을 정식으로 받아 중국에 다녀온 적이 있었다. 남편이 중국에 들어갈 때에 새 옷 한 벌을 입혀 보내려고 했지만 집에 입을 만한 옷이 없었다. 한 끼 두 끼 해결하기 위해 양복을 이미 다 팔아 버렸기 때문에 남편이 양복 재봉사였음에도 양복 한 벌 없었다. 어렵게 빌려서 마련한 돈으로 남편에게 양복을 지어 입혀 중국에 보낸 후 기차 사고 후유증으로 더 이상 걸을 수 없는 상태가 되었을 때, 남편이 중국 친척들에게 받은 물건들을 가득 싣고 돌아왔다. 재봉기 한 대, TV 한 대, 녹음기 두 대, 식료품, 중고 한국 옷 등 자동차에 한가득 싣고 왔다. 남편이 돌아왔을 때 나는 피골이 상접해서 뼈만 남은 상태였다.

남편이 중국에서 가지고 나온 재봉틀이나 녹음기를 팔아 장사 밑천을 했으면 좋았겠지만 그럴 수 없었다. 나는 몸져누워 있었고 아이들끼리 큰 장사를 하기엔 너무 어렸기 때문이었다. 우리는 가져온 재봉틀을 팔아 양식을 사서 며칠을 견디다가 떨어지면 그 다음에는 녹음기를 팔아서 양식을 샀다. 내가 1년 동안 누운 채로 대소변을 받아 내는 사이 그 물건들을 하나씩 팔아서 버텼다.

문제는 이런 사정을 중국 친척들은 몰랐다는 사실이다. 이미 크게 도와줬는데 또 도와 달라고 하니 좋게 생각하지 않았다. 그들 입장에선 '아무리 도와줘도 소용이 없구나. 북한은 도와줘도 밑 빠진 독에 물 붓기구나' 생각하게 됐다.

팔 것이 하나도 남지 않자 나는 두 딸에게 말했다. "이제는 할 수 없다, 너희라도 살아야 한다. 더 이상은 우리 식구끼리 먹고살기 어렵구나. 잘못하면 다 굶어 죽겠다." 나는 두 딸을 데리고 우여곡절 끝에 함경북도 온성에 있는 국경 근처 다리까지 갔다. 그 다리는 두만강을 사이에 두고 북한과 중국에 사는 사람들이 서로 바라볼 수 있는 곳이었다. 그곳에는 중국 친척들의 도움을 받을까 하여 모인 사람들로 가득했다. 친척들이 나타나기를 목 빠지게 기다리면서 중국 쪽을 간절히 바라보는 그들은 '왜가리 부대'라고 불렸다. 중국 친척들은 전화로는 "내일 온다, 다음 주 온다" 했지만 몇 개월이 지나도 결국 오지 않았다. 그럴 만도 한 것이 북한은 이미 밑 빠진 독이었기 때문이다. 우리도 3개월 동안 국경에서 기다렸지만 아무 소식이 없었다. 중국에 있는 시동생에게 도움을 요청하는 전화를 하자 전화기 너머로 고함치는 소리가 들려왔다. "이전에 보낸 것은 다 어떻게 했습니까?"

나는 할 수 없이 큰딸과 둘째 딸에게 말했다. "할 수 없다. 이제 너희들끼리 중국에 먼저 들어가서 친척집을 찾아가거라. 나는 여기 남아서 사과를 팔아서라도 남은 자식들을 먹여 살리겠다. 너희들이 여기서 더 기다리고 있다가 친척들이 오지 않으면 절대로 그냥 집으로 오지 마라. 그냥 돌아오는 날은 온 가족이 다 죽는 날이다. 그러니 돌아오지 말고 중국으로 넘어가라. 전화도 주소도 다 있으니 살든 죽든 건너가서 친척집을 찾아가라."

1998년 3월 11일, 나는 마지막 작별의 말을 하고 두 딸을 남겨 둔 채 집으로 돌아왔다. 그렇게 해서 두 딸은 위험을 무릅쓰고 강을 건넜다. 나는 두 딸이 국경에서 친척들을 만나

식량이나 물건을 갖고 돌아오리라 믿고 기다렸지만 딸들은 두 달, 석 달이 지나도 돌아오지 않았다. 살았는지 죽었는지 소식이 없었다. 국경에서 친척들을 만났으면 짐을 가지고 집으로 돌아왔을 텐데 돌아오지 않는 것을 보니 중국으로 들어간 것이 분명했다. 그런데 혹여나 두만강에서 경비대에서 총에 맞아 죽은 건 아닌지 염려되었다. 아이들이 돌아오지 않자 나는 가슴을 치며 후회했다. "내가 왜 아이들에게 중국으로 들어가라고 했을까? 살아도 같이 살고 죽어도 같이 죽어야 했는데."

나는 남은 아이들을 데리고 내 고향으로 향했다. 그곳에는 재일동포들과 중국 화교들이 많아 본국에서 보내 준 돈으로 잘사는 사람들이 많았다. 돈은 있지만 자식이 없는 사람들이 남의 자식이라도 키운다는 말을 들었기에 그런 집에 내 자식을 입양시켜서라도 아이들을 살려야겠다는 생각에 뗀 걸음이었다. 자식을 남에게 보내기 위해 고향으로 내려가는 부모의 심정이 어떻겠는가? 하지만 막상 도착해 보니 안 그래도 힘든 고난의 행군 시기에 남의 자식을 입양하려는 사람은 아무도 없었다. 자그마한 항구 마을에서 무역을 하는 외사촌 오빠가 생각났다. 그곳 외조카들이 어머니의 도움을 받은 적이 있었기 때문에 우리도 도움을 받을 수 있을까 하고 다시 그리로 찾아갔다. 막상 가서 보니 그들도 먹고살기 힘들어 집을 다 팔고 개성에 있는 딸에게 가 버린 후였다. 작은 동네라서 다니는 기차도 없었다. 우리는 거기서 굶어 죽을 지경이 되었다. 아는 사람 하나 없는 생소한 도시라 도움을 받을 데도 없이 타지에서 셋 다 굶어 죽게 되었던 것이다.

"기어이 살아야 한다. 일어나라, 일어나." 배고픔에 지쳐 길에 드러누워 있는 아이들에게 나는 소리쳤다. "저기 옥수수 밭에 들어가서 옥수수를 따 먹자." 그곳은 집단농장 밭이었다. 정직을 좌우명으로 삼고 살던 내가 오죽하면 도둑질할 마음까지 먹었겠는가. 아이들을 살려야 하니 어쩔 수 없었다. 밭에서 옥수수를 따 와서 날것을 그대로 먹었다. 날것도 얼마나 맛있는지 꿀처럼 달았다. 밤에는 아이들을 데리고 큰길가에서 잠을 잤다. 딸이 열다섯 살이라 사람들이 다니지 않는 곳에서 자면 혹시나 위험할까 싶어서였다. 우리가 집에 가까스로 도착했을 때는 사람인지 동물인지 구분 못할 정도로 옷은 해어지고 얼굴이 더러워서 꽃제비와 다를 바 없었다.

집에 돌아와서도 우리를 기다리는 것은 좋은 소식이 아니었다. 집을 떠날 때 아이들 몰래 남편과 약속을 했다. "내가 가서 아이들을 친척 집에 맡기고 올 테니 당신은 여기서 기다려 주세요. 부부간에 헤어지면 우리가 다시 자식을 찾을 수 없잖아요." 그런데 한밤중에 집에 도착해서 문을 두드리니 아무런 인기척이 없었다. 집을 떠나온 지 한 달이 조금 지난 시점이었다. 남편에게 돌아오겠다고 약속한 날짜가 지났던 것이다.

한참 후에 웬 젊은 사람이 나왔다. "누구세요? 나는 이 집 주인입니다." 젊은 사람이 대답했다. "이 집 주인은 난데요?" "이 집은 제 남편 집이에요." 남편이 양복사라고 하면 그 지역에서는 모르는 사람이 없었다. 그러자 그 젊은 사람이 대답했다. "내가 이 집을 그 양복사에게서 샀습니다."

나는 눈앞이 아찔해져 그 자리에서 털썩 주저앉아 버렸다. 집이 없어졌다니, 세상에 그토록 서러운 게 없었다. 맹물만 끓여 먹어도 집이 있었기에 평안히 누울 자리라도 있었는데, 이제는 집이 없어져 버렸다. "어떻게 가족하고 상의도 없이 집을 팔았다는 겁니까?" "나는 모릅네다. 나는 그 사람에게서 집을 샀을 뿐입니다."

오갈 데 없던 우리는 뒷집 문을 두드려서 하룻밤 신세를 졌다. 다음날부터는 꽃제비로 돌아다니며 살았다. 하늘을 지붕 삼아 땅을 구들 삼아 지내다 보니 온몸에 이가 득실거렸다. 배고픔보다 몸이 가려운 것이 더 견디기 힘들었다. 하루 종일 온몸을 긁어야만 했다. 남편이 어떻게 되었는지도, 중국에 간 두 딸이 어떻게 됐는지도 모르는 상황이 되어 버렸다.

이젠 남은 어린 자식들이 급선무였다.

황해남도에 있는 시동생 생각이 났다. 마지막 살길은 그곳 밖에 없었다. 당시 함경남도에서 황해남도까지는 왕복 16일이 걸렸다. 기차는 연착이 되기 일쑤였고 아예 오지 않기도 했다. "엄마! 여기서 황해도까지 가다가 기차에서 굶어 죽을 수도 있으니, 여기서 가까운 량강도에 먼저 가서 밭에 떨어진 감자라도 먹고 힘을 얻어서 가요." 딸이 졸라 댔다. 그 당시 기차에서 죽은 사람이 많았기 때문이다.

우리 세 식구는 일주일 동안 300리를 걸어갔다. 들고 간 옥수수 가루 3kg을 조금씩 물에 타서 마시면서 가야 했다. 나는 딸에게 가루를 맡겼다. "네가 이 양식을 맡아라. 나도 한 끼에 한 숟가락씩만 물에 타 주렴." 그런데 산을 넘어가니 너무 힘이 들어서 나도 모르게 딸에게 부탁했다. "엄마에게 한 숟가락 더 주면 안 되겠니? 엄마는 너희와 달라. 내가 살아야 너희들을 돌볼 수 있으니 한 숟가락 더 다오." 지금 생각하면 웃음이 나오는 이야기지만 그때는 정말로 힘들었다. 결국 딸은 나에게 두 숟가락을 먹여 주었다.

산을 넘다 보니 아들 신발이 다 떨어져 있었다. 밑창이 다 떨어져 나가 아들은 그냥 발바닥 모서리로 걸었다고 한다. 발바닥이 터져서 피가 나는데도 열한 살 아이가 아프다는 소리 한 번 없이 쩔뚝거리면서 걸었던 것이다. 열흘을 굶었을 때도 배고프다는 말 한 마디 하지 않았던 그 아들은 아직도 북한에서 혼자 떨어져 지내고 있다. 만일 그때 아들이 투정 한 번이라도 부렸다면, 헤어진 지난 20년 세월 동안 가슴이 조금이라도 덜 아팠을까.

당시 대부분의 사람들은 먹고 살기 위해 스스럼없이 남의 것을 도둑질했다. 평생 도둑질을 몰랐던 우리도 어쩔 수 없었다. 남의 밭에 들어가서 도둑질을 하려니 남자인 아들에게 그 일을 맡길 수밖에 없었다. 그런데 아들이 죽어도 도둑질을 못하겠다는 것이었다. 어쩔 수 없이 남들이 다 캐고 난 밭에 가서 바닥에 떨어진 감자를 주워 왔다. 운반 도구가 있었다면 모아서 팔 수도 있었겠지만 아무것도 없는 우리는 그저 허기만 채울 뿐이었다. 그래도 그것을 먹고 힘을 내어 황해도까지 갈 수 있었다. 황해도 시동생 집에 도착해 보니 곡창지대라 그런지 놀랍게도 보리밥도 아니고 모두가 이밥(쌀밥)을 먹고 있었다. 함경도는 모두가 굶어 죽고 있었는데 말이다. 함경남도는 인구가 제일 많았기에 굶어 죽는 사람 수도 제일이었다. 당시 북한의 인구가 2,500만 명이었는데 300만 명이 굶어 죽은 상황이었다.

하지만 아무리 그들이 이밥을 먹고 살아도 우리 세 식구까지 얹혀사니 형편이 힘들어지기 시작했다. 시동생이 한 가지 제안을 했다. "형수, 조개를 잡으러 가 보세요. 밑천이 안

드니, 도구는 제가 장만해 드리겠습니다." 그래서 나는 서해 바다까지 왕복 40리를 걸어가 갯벌에서 조개 캐는 일을 하게 되었다.

오후 5시가 되면 밀물이 들어왔다. 그 전에 빠져나와야 하는데 밀물이 들어오는지도 모르고 조개 캐는 데 정신 팔려 있다가 물에 빠져 죽는 사람들이 많았다. 아침에 죽 한 그릇 먹고 20리를 걸어서 바닷가에 도착하면 배가 고파서 허리를 펼 수 없었다. 수술한 배가 아파서 허리를 더욱 펼 수가 없었다. 갯벌에서는 한쪽 발을 들면 다른 쪽 발이 빠져서 움직이기가 너무나 힘들었다. 그 상태로 바다 쪽으로 3리를 더 걸어 들어가야 했다. 앉지도 못하고 허리를 구부린 상태에서 조개를 캤다. 그곳에서 오래 일한 사람들은 요령이 늘어 70세 되는 분도 한 배낭씩 캤다. 하지만 서투른 나는 하루 종일 조개를 캐어도 200~300g밖에 되지 않았다. 손톱 발톱이 얼어서 다 빠졌다. 저녁에 조개를 캐고 돌아오면 탈진해 정신을 잃고 쓰러질 때가 한두 번이 아니었다. 깨어나 보면 한밤중에 달이 환하게 떠 있었다. 그곳은 군의 보호 아래 공동으로 조개를 캘 수 있도록 허락된 곳인 동시에 휴전선의 경계 지역이었다. 군인들에게 조개를 상납해야 통과할 수 있었다. 그러다 보니 남는 조개가 별로 없었다.

그래서 나는 외화벌이 조직에 들어갔다. 책임자 감시 하에 공동으로 식사하고 공동 숙소에서 지내야 했다. 그러던 어느 날 밤늦게 일을 마치고 힘든 발걸음으로 겨우 공동 숙소에 도착을 했는데 숙소 안에서 울부짖는 소리가 들려왔다. 통곡하면서 우는 소리가 나기에 '여기 사람들 중에 누가 죽었나?' 생각하며 들어가 보니 사람들이 함경도 아줌마가 죽었다고 하면서 내가 저녁에 먹어야 할 죽을 상 위에 올려놓고 제사를 지내고 있었다. 그런데 내가 살아서 돌아오니 다들 크게 놀라면서 반가워했다.

저녁 5시면 밀물이 들어오는데 밤 10시가 되어도 내가 들어오지 않자 밀물에 휩쓸려 죽은 줄 알고 제사를 지냈던 것이다. 울고 있던 사람들이 내가 살아 있는 것을 보고 기뻐하며 달려와 얼싸안았다.

진짜 문제는 그 다음 날에 일어났다. 외화벌이 책임자가 나를 불러서 말했다. "함경도 아주마이, 이제부터 여기서 일 못합니다. 여기서 사람 하나라도 죽으면 내가 책임을 져야 하기 때문에 일 못 합니다." 일자리를 빼앗긴 그 날 나는 속으로 다짐했다. '부모님의 뼈가 묻힌 땅을 떠나지 않고 살아 보려고 뼈가 부서지고 심장에 피가 마르도록 애썼지만 더는 안 되겠다. 나도 떠나야겠다.'

내가 떠난다고 하니 시동생이 만류했다. "아이들은 여기 두고 가세요. 내가 여기서 아이들을 먹여 키워서 시집보내고 장가보낼 테니, 가시려면 혼자 가세요." 더 이상 아이들을 데리고 갈 용기가 나지 않았던 나는 결국 아이들을 시동생에게 맡기고 떠나기로 했다. 가슴이 찢어지는 아픔을 감수하기로 결심한 것이다.

아이들과 마지막으로 헤어지는 날은 영화의 한 장면보다 더 가슴 아팠다. 아들은 내 품에 안겨서 애원했다. "엄마, 나는 엄마랑 더는 헤어져 살 수 없어요. 나도 엄마랑 같이 갈래요." "엄마 따라 가는 길은 죽는 길이다. 여기서 살다가 엄마랑 다시 만나자." 작별 인사를 하고 몇 걸음 가면 아이들이 달려와 끌어안고 울고 나도 뒤돌아서 아이들을 끌어안고 울기를 반복했다. "이제 헤어지면 이 먼 길을 돌아 어떻게 다시 만날 수 있을까? 어떻게 하든 건강하게 잘 지내라." 황해남도 땅에 아이들 두고 떠나는 이 길이 더 이상 아이들을 볼 수 없는 길이라고 생각하니, 가다가 돌아와서 울고 그렇게 울다가 헤어지기를 여러 번…. 결국 저녁때가 되어서야 헤어지게 되었다. 엄마랑 헤어져서는 살 수 없다고 울부짖던 아들의 목소리는 20여 년이 넘은 지금도 생생하다.

열흘을 걸어 다시 함경북도에 도착했다. 더 이상 집도, 먹을 것도 없는 곳이었지만 그래도 어릴 때부터 친했던 친구가 자기 집에 재워 주었다. 남편은 죽고 자식들하고만 살던 친구는 내게 들어와 같이 살자고 했다. 힘도 없고 몸도 성치 않았던 나는 하루하루 목숨을 연명하다가 결국에는 죽겠구나 생각하면서 지냈다.

3

믿음이 시작된 땅

중국

딸들을 찾으러 중국으로 떠나다

하나님이 내게 다시 살 길을 열어 주시는 사건이
일어났다. 어느 날 친구가 내게 국수 한 그릇을 먹여 주었다.
그러고는 국수를 받아 줄 테니 시장에 나가 팔아 보라고 했
다. 그렇게 국수 장사를 시작했다. 장사를 하던 중 시장에서
다른 친구를 만났다. 그 친구가 내게 귓속말로 속삭였다. "내
아들이 중국에서 잡혀 나왔는데 노동 단련대를 갈 것 같다.
다시 탈북을 해야 하는데 돈이 없어. 여기서 국경까지 가서
넘으려면 여비가 필요해." 나는 귀가 솔깃했다. "그래? 그러
면 나도 중국에 들어가게 해 줘. 아무에게도 말 안 했지만, 내
딸들이 중국에 있어. 네 아들과 같이 중국 들어가게 해 달라."

그러자 친구가 대답했다. "그러면 여비를 마련해라. 내 아들과 같이 들어가려면 여비가 필요하다."

그런데 돈이 한 푼도 없었다. '당장 먹을 것도 없는데 어떻게 돈을 구하지?' 고민을 하는데 고난의 행군 3년 전에 어머니가 빌려 주고 받지 못한 돈이 있었다는 기억이 문득 떠올랐다. 그래서 즉시로 그 사람을 찾아가서 자초지종을 이야기했다. 이러저러하여 집도 없고 가족들이 뿔뿔이 다 헤어졌다고 하니 "다는 못 주지만 요것만이라도 받아라" 하면서 돈을 주었다. 이렇게 하나님은 순간순간마다 살길을 열어 주셨다.

그렇게 나는 친구 아들을 따라 중국으로 들어갔다. 밀수하는 청년 세 명도 함께 가게 되었는데, 그들이 양쪽에서 내 팔짱을 끼고 강폭이 좁은 곳을 골라 강을 건넜다. 중국에 가니 그 청년은 훨훨 날아다녔다. 중국에는 세 번째 들어가는데 연길에서 일한 적이 있어서 중국 지리를 무척 잘 알고 있었다. 하나님께서 나를 중국으로 인도하실 길잡이로 그 청년을 붙여 주시고 중국 땅으로 안전하게 인도해 주셨던 것이다.

처음 도착한 곳은 중국 룽정시의 산골이었다. 거기서 조만춘이라는 사람의 집에 한 달 동안 머물렀다. 그의 어머니는 북한 출신 조선족이었으며 아버지는 중국인이었다. 그 집에서 첫 밥을 먹은 일은 지금도 잊을 수가 없다.

조만춘의 도움으로 마침내 중국 시동생에게 전화를 걸었다. 내 마음은 하늘을 날 듯이 기뻤다. 시동생과 연락이 닿으면 사랑하는 딸들과 남편을 만날 수 있을 것이라는 큰 희망을 가지고 전화했다. 전화를 받은 시동생의 말이 들려왔다. "형님은 우리 집에 1년 전에 왔다 가셨는데요." 그 말을 듣는 순간 나는 속으로 생각했다. '아! 이제 남편이 나를 찾아서 오겠구나.'

　　내가 아이들을 데리고 집을 떠난 지 한 달이 넘어도 돌아오지 않자 남편은 나와 아이들이 중국으로 넘어갔다고 생각하고 자기도 중국으로 들어가야 한다는 생각에 급하게 집을 팔고 중국으로 들어왔던 것이다. 시동생은 형님이 집을 다시 나가서 죽었는지 살았는지 소식도 없이 돌아오지 않고 있다고 덧붙였다. 남편으로부터 연락이 없다는 말을 듣고 다시 불안감이 밀려왔다. '중국 말도 잘하고 지리도 잘 아는 남편이 왜 연락을 안 할까? 다시 북송이 된 것이 아닐까?'

　　나중에 알게 된 전후 상황은 이러했다. 남편이 중국에 건너와 동생 집에 도착해 보니 두 딸은 그곳에 없었다. 시동생은 두 딸에게서 전화가 온 적이 있었는데 "여기는 연변입니다"라는 말을 들었다고 알려 주었다. 그 말을 들은 남편이 걸려 온 전화번호로 다시 전화를 해 봤지만 더 이상 전화를 받지 않았다. 그러자 남편은 연변에 있는 딸들을 찾으러 갔고 지금까지 소식이 끊겼다는 것이다. 그 후로 두 딸도 연락이 없었다고 시동생이 전화로 설명해 주었다. 중국에 오면 가족을 만날 것이라는 기대에 부풀어 전화했던 나는 그 소리를 듣고 하늘이 무너지는 심정이었다.

중국까지 와서 자식들과 남편을 다 잃어버리고 북한에 어린 자식 둘을 남겨 놓은 신세가 어처구니없었다. 온 가족이 뿔뿔이 흩어진 기막힌 상황에 가슴을 칠 수밖에 없었다. 두만강을 건널 때 품고 있었던 가족 상봉의 꿈은 삽시간에 다 사라져 버렸다. '무너지면 안 돼. 말도 안 통하는 낯선 이국땅이지만 나는 다시 딸들을 찾아야 한다. 살아서 반드시 딸들을 찾아야 한다.' 나는 애써 마음을 굳게 다잡았다.

나는 살기 위해 어느 깊은 시골의 과수원에 식모로 팔려 가게 되었다. 그곳에서 하루에 열일곱 시간이나 쉬지 않고 일했다. 급성 관절염으로 뼈마디가 붓는데도 먹여 주는 것만으로 족한 줄 알고 임금도 없이 일했다. 앉으나 서나 자식들 찾을 생각뿐이었다. 새벽 4시에 일어나서 시작한 일은 밤 10시가 되어야 끝났다. 일을 끝내면 지칠 대로 지쳤지만 한밤중에 밖에 나가 달을 바라보며 눈물을 펑펑 흘리며 울었다. "북한에 있는 아이들아, 여기에 있는 두 딸들아. 너희들도 저 달을 보고 있겠지. 엄마도 저 달을 보고 있단다."

과수원의 과일을 딸 무렵이었다. 인부 열일곱 명과 주인집 식구 셋이 함께 일을 했는데 나는 그들이 먹을 식사를 준비해야 했다. 나뭇가지로 아궁이에 불을 떼고 큰 솥을 주걱으로 저으면서 음식을 했다. 나뭇가지를 더 가지러 과수원으로 들어갔을 때였다. 저만치에 농약 가루가 보였다. 문득 나쁜 생각이 밀려들어왔다. '아, 살아서 뭐하나? 왜 이토록 뼈아프게 힘든 일을 해야 하는가? 자식들과 생이별한 마당에 살아서 뭐하겠는가? 더는 못 살겠다. 죽자, 죽는 것이 훨씬 편하겠다.'

농약을 한 움큼 쥐고 입에 틀어넣으려고 하는 순간 어머니의 유언이 떠올랐다. "어렵고 힘들 때면 하나님께 기도를 많이 해라. 기도를 많이 해라. 자식 네 명은 하나님이 너에게 준 재산이다. 기도를 많이 해라, 기도를 많이 해라." 그 말은 하나밖에 없는 딸에게 주신 유언이었다.

"그래, 나는 유언을 지켜야 한다. 엄마가 자식은 재산이라고 잘 간수하라고 했는데 내가 죽으면 그 재산을 누가 간수하나? 그런데 엄마는 왜 기도하는 방법은 가르쳐 주지 않았는가? 기도는 많이 하라고 하면서 기도하는 모습을 보여 주셨는데 정작 기도하는 방법은 왜 가르쳐 주시지 않았는가? 가끔 기도하는 중에 '하나님, 하나님' 부르고 마지막에 '예수님 이름으로 기도 올립니다'라는 말만 했지 기도 방법은 안 가르쳐 주셨구나. 그래도 나는 기도를 해야겠다. 이보다 더 아픈 고통이 어디에 있단 말인가? 자식과 살아서 생이별을 하고 어디에 있는지도 알지 못하는 이 상황에서 엄마가 말한 대로 기도를 해야겠다."

나는 농약을 집어던지고 어머니가 하던 대로 두 손을 모으고 전심을 다하여 불렀다. "하나님!" 창자가 뒤틀어지도록 하나님을 불렀다. "내 자식들을 찾아 주세요." 내 속 타는 마음을 '하나님' 그 한 마디에 다 쏟아 부어 외쳤다. 얼마나 크게 소리쳤는지 건너편 산에까지 메아리가 울렸다. 내 온몸에서 땀이 나와 발끝까지 흘러내렸다. 자식을 찾아 달라는 애타는 마음에서 나온 외마디 소리를 혼신을 다해 외쳤던 것이다.

"애통하는 자는 복이 있나니 그들이 위로를 받을 것임이요"(마 5:4).

하나님을 향해 전심을 다해 외친 기도가 상달되어 1년 후에 사랑하는 두 딸과 남편의 소식을 알게 되었다. 이것이 어찌 인간의 힘으로 한 일이었겠는가?

가족을 다시 만나다

그로부터 1년 후, 남편이 두 딸을 찾아오고 북한으로 다시 들어가 두 아이까지 데리고 와서 마침내 여섯 식구가 모두 모여 중국에서 예배를 드리는 역사가 일어났다.

온 가족이 만난 후 남편으로부터 자초지종을 들었다. 남편은 딸들을 찾아 무작정 연변으로 떠났다. 중국 말을 잘하니 어디를 가나 잡힐 염려는 없었고, 여비도 챙겨서 찾아 나섰다. 그런데 여비가 다 떨어지고 신발이 다 해어지도록 그 넓은 연변을 찾아 다녔지만 딸들을 찾지 못했다. 목적을 이루지 못했으니 돌아오지도 않고 전화도 안 했던 것이다. 중국에서 일을 하긴 했지만 그저 먹여 주기만 하면 된다는 생각에 임금도 받지 않았다고 한다.

그러던 중 길림성을 뒤지다가 돈화시에 도착했다. 탈북자들은 대부분 시골로 갔기에 고을고을을 다 찾아다녔다. 당시에 가난한 중국 시골 남자들이 장가를 가기 위해 탈북한 여자들을 돈 주고 사 왔기 때문이다. 중국 여자를 데리고 살려면 큰돈을 들여야 하니 시골 남자들은 값싼 탈북 여자를 데리고 살았다. 못사는 사람, 병이 있는 사람, 장애인들이 주로 탈북 여자들을 사 왔다. 두 딸은 두만강을 넘자마자 인신매매하는 사람들에게 잡혀서 헐값에 팔렸다. 둘째 딸은 열일곱 살에 중국 돈 5,000위안(한화 약 90만 원)에, 큰딸은 스물여덟 살에 4,000위안(한화 약 70만 원)에 팔려 갔다.

남편은 돈화시의 시골로 딸들을 찾아 나섰다. 가족은 대부분 한 마을에 보내지 않는 것이 당시 인신매매범들의 관행이었다. 제각기 팔려 가 서로의 소식도 모르고 낯선 중국 땅에서 생이별하는 것이다. 그런데 하나님의 인도하심으로 큰딸과 둘째 딸을 사려는 집들이 친척 지간이라 딸들은 서로 가까운 지역에 팔려 가 서로 연락을 하면서 지낼 수 있었다. 북한 사람들이 들어와서 가족이 함께 있는 일이 좀처럼 없는데, 남편이 '두 자매가 와 있는 동네가 있다'라는 말을 들었다. 남편이 그 집에 직접 들어가서 딸들을 만날 수는 없었다. 탈북자들은 북한으로 다시 잡혀가거나 다른 곳에 팔릴 염려에 좀처럼 집밖으로 나오지 못하기 때문이다. 남편은 사람을 통해 몰래 딸들을 불러냈다.

결국 아버지와 딸들은 산골 철길 옆에서 다시 만나게 되었다. 딸들은 아버지의 얼굴을 보자마자 "아버지!" 하고 큰 소리로 울었다. 큰 소리를 내면 잡혀갈지 몰라 산속에 들어가서 대화를 나누었다. 당시에 큰딸과 둘째 딸은 아들을 하나씩 낳아서 가정을 이루어 살고 있었다. 큰딸은 할아버지 같은 사람을 만나서 노예 같은 생활을 했다. 둘째 딸은 10년 연상의 척추 병자에게 팔려 갔는데 그나마 감사한 것은 둘째 딸 남편은 딸을 귀중히 여겨 주었다.

내가 시골 과수원에 일을 하고 있는 것을 어떻게 알았는지 어느 날 전화가 걸려 왔다. 전화기 너머로 목소리가 들려왔다. "형님이 딸들을 찾아 여기 하얼빈에 오셨습니다. 형수, 여기로 오시오." 그 말을 들었을 때에 나는 전화통이 깨어지도록 소리를 질렀다. "그게 정말이야? 거짓말이 아니고?" "형수, 사실이니 빨리 여기로 오시오." 그러고는 남편에게 전화를 넘겨주었다. 남편이 내게 "여보, 거기 어디요?"라고 묻는데 나는 "여기가 어딘지 나도 모르오"라고 대답할 수밖에 없었다. 나를 식모로 데려온 사람들은 도망치지 못하게 하려고 내게 과수원의 위치를 알려 주지 않았다.

시내 우체국 앞에서 기다리기로 겨우 남편과 약속을 했다. 50리를 걸어 약속 장소로 찾아갔는데 문제가 발생했다. 우체국의 위치를 몰라 공안국(경찰서) 앞에서 기다리는 어처구니없는 실수를 했던 것이다. 말이 서투르면 북한 사람이라는 것이 들통나기에 함부로 물어볼 수도 없었다. 남편이 친척 두 명을 데리고 와서 하얼빈에 있었지만 핸드폰이 없어서 전화 연락도 할 수 없었다. 아침부터 공안국 앞에 서 있으니 사람들이 나를 의심할 것 같았다. '어떻게 하면 우체국을 찾을 수 있을까?' 하고 주변을 돌아다녔다.

나는 편지의 중국 말인 '씨신'이라는 단어는 알고 있었다.

그래서 편지 봉투를 가리키면서 계속해서 어떤 사람에게 '씨신'이라는 말을 하였다. 그 사람은 내가 다른 말은 안 하고 '씨신'이라고만 하니 이상하게 아래위를 훑어보았다. 그러다 내가 우체국을 찾는다는 것을 알아차리고 우체국으로 안내해 주었다.

결국 남편과 나는 오후 5시가 되어서야 열세 시간 만에 극적으로 만나게 되었다. 하얼빈 역에서 사랑하는 자식들과 만나는 장면은 영화 속 한 장면 같았다. 얼마나 반가웠는지 딸이 달려와서 나를 꽉 안자 딸과 나는 그대로 뒤로 넘어져 땅바닥을 뒹굴었다. 딸들이 시댁에서 나올 수 있었던 것도 중국에 있는 남편의 친척들이 그 집을 찾아갔기 때문이다. 딸들의 고모, 삼촌인 것과 중국 주소와 전화번호를 확인하고 나서야 잠시 그 집에서 나올 수 있었다. 이렇게 딸들을 만날 수 있었던 것도 우리 어머니가 50년 동안 자식들을 위해서 했던 기도의 응답으로 이루어진 것임을 믿는다. 그들은 북한 여성들이 도망갈까 봐 생활비도 주지 않는 사람들이었기에 집밖으로 보내 준 것 자체가 대단한 일이었다. 우리는 그렇게 기적적으로 다시 만났다.

우리는 동서 집으로 갔다. 동서가 구첩반상을 만들어 주면서 먹으라고 했지만 나는 북한에 있는 딸과 아들이 생각나서 목에 넘어가질 않았다. 억지로 밥 한 숟가락 넣고 물 한 모금을 마셔야 겨우 넘길 수 있었다. 그때부터 지금까지 나는 밥을 먹을 때 수시로 물을 마셔야만 먹을 수 있다. 나는 동서에게 눈물을 흘리며 부탁을 했다. "동서, 나에게 돈을 2,000위안만 빌려 줘. 우리 남편이 북한에 들어가서 셋째 딸과 아들을 데리고 오게 해 주오. 내가 여기서 일을 해서 꼭 갚아 줄게. 좋은 음식을 먹을 때마다 북한에 있는 두 아이들을 생각하니 너무나 마음이 아파요." 그러자 하나님을 믿는 동서가 돈 2,000위안을 빌려주었다.

남편은 그 돈을 가지고 다시 북한으로 들어갔다. 그리고 극적으로 아이들을 만나 헤엄을 쳐서 중국으로 되돌아왔다. 일부러 강폭이 제일 넓고 깊고 물살이 센 곳을 선택해서, 아들을 밧줄로 묶고 아버지와 딸이 헤엄을 쳐서 넘어왔다. 다행히 딸이 아버지를 닮아서 운동신경이 좋아서 헤엄을 잘 쳤다. 물살이 센 곳은 북한 경비대들이 고정적으로 경비를 서지 않았기에 일부러 그 지점을 선택했다. 하지만 물살이 워낙 세어서 한꺼번에 건너오지 못하고 중간 중간 쉬다 보니 경비병들에게 발각되었다. 경비병들은 서치라이트를 비추면서 "거기 서라!" 고함을 치면서 총을 쏘기 시작했다. 날아오는 총알을 피해 물속에 들어가 한참 있었다고 한다. 못 참고 물 밖으로 머리를 내밀면 다시 총알이 빗발쳤다. 그렇게 목숨이 왔다갔다하는 상황에서 남편과 아이들은 힘겹게 강을 건넜다.

당시에는 강을 넘어와도 중국에서 잡혀가는 경우가 많았다. 옷은 비닐에 넣어서 왔기에 갈아입었지만 신발은 젖어 있었다. 그때 중국 경찰이 다가와서 검문을 하면서 멈춰 세웠다. 이때 중국 말을 유창하게 하지 못하면 단번에 잡혀가는 것이다. 이때 남편은 "나는 아랫동네에 사는 딸집에 갔다가 술을 마시고 가는 길이다"라고 중국 말로 말했다. 남편은 의심을 받지 않기 위해서 중국 말로 많은 말을 하였다. 딸이 가자고 옆구리를 찌르니 남편은 인사말을 하고 경찰과 헤어졌다. 그때 남편이 뒤돌아보니 그 경찰도 자기들을 뒤돌아보고 있었다고 한다. 아이들이 신발도 그렇고 남루해 보이니 의심한 것이었다. 하지만 하나님은 그 상황을 무사히 빠져나오게 하셨다. 기차역에 도착해 공안이 딸의 모습을 보고 자꾸 수상한 눈초리로 쳐다보자 딸이 무서워서 도망을 쳤다. 그때 남편은 위기를 모면하기 위해 급히 공안에게 다가가서 "내 딸이 정신이 이상해서 연길 병원에 데리고 가는 길이다"라고 둘러댔다. 그 순간을 모면하고 아버지와 아이들은 하얼빈에 무사히 도착했다. 나는 아이들을 만나 얼싸안으면서 재회의 기쁨을 나누었다. 이 모든 것이 하나님의 역사였음을 고백한다.

우리 가족의 첫 교회

무사히 중국으로 온 우리 가족은 거기서 처음으로
교회라는 곳에 가게 되었다. 그날이 바로 2000년 6월 20일이
었다. 이 날을 어찌 잊을 수가 있겠는가? 어느 날 동서가 우
리 가족에게 중국 돈 1위안씩을 나누어 주었다. 나는 동서가
우리를 데리고 어디 구경을 나가려는 모양인가 생각했다. 그
런데 7~8분 정도 가까운 거리를 걸어 도착해 보니 십자가가
달린 조선족 교회였다. 쥐어 준 돈은 헌금하라고 준 것이었
다. 북한에서 교회를 다닌 적이 없으니 헌금이라는 생각을 할
수가 없었다.

교회 안에는 사람들이 모여 찬송을 부르고 "주여! 주여!"
외치면서 기도하고 있었다. 나는 이때 많은 사람들이 모여서
예배드리는 모습을 처음 보았다. 목사님이 강단에서 말씀을
소리 높여 전했다. 잡아가면 어쩌려고 이러는가 하는 생각에
몹시 두려웠다. 성도들이 소리 높여 "아멘" 할 때마다 체포될
까 봐 무서웠다. 그러나 아이들은 잘 따라 하고 있었다.

내가 유독 무서워한 이유는 북한에서 오랫동안 주체사상
을 교육받았기 때문이다. 예수 믿는 자들을 죽이고 기독교를
두들겨 부수는 나라에서 50년을 살았기 때문에 '아멘' 하면
잡혀갈 것같이 두려웠다. 일곱 살부터 긴 세월 동안 어머니가

기도할 때마다 망을 보며 발각될까 봐 긴장된 삶을 살아왔던 나로서는 '아멘' 한 마디도 입 밖으로 잘 나오지 않았다. 그래서 석 달 동안 '아멘'을 말하지 못했다. 다른 분들이 '아멘' 하는 것이 그렇게 부러웠다. 100일이 지난 후로는 점차 찬송도 따라 부르고, 어머니가 부르시던 주님을 나도 소리 높여 불렀고, '아멘'도 큰 소리로 외쳤다. 북한처럼 잡혀가지 않는다는 안전감이 찾아왔다. 어머니가 북한에서 마음대로 기도하지 못하고 언제 어떻게 잡혀갈지 몰라 두려워했던 그 시절을 회상하며 이따금 눈물을 흘렸다. 동서는 북한에서 온 우리가 교회에 안 갈까 봐 걱정했는데 열심히 예배에 나가서 기쁘다고 했다.

지금 나는 얼마나 행복한가! 주님을 마음대로 부를 수 있고, 찬송도 부를 수 있고, 소리 높여 아멘 할 수 있으니 얼마나 행복한가! 꿈인가, 생시인가! 완전히 뒤바뀐 생활이 펼쳐지니 너무도 행복하고 감사했다. 오전 예배가 끝나면 성도들과 함께 식사하는 기쁘고 행복한 날들이 이어졌다. 다만 불쌍하게 신앙생활 했던 어머니를 떠올리며 눈물을 많이 흘렸다.

성도들은 내 아들에게 노래를 해 보라고 했다. 부끄러워하는 아들에게 성도들은 북한에서 금방 왔으니 김정일 노래라도 불러 보라고 하며 용돈도 주곤 했다. 나도 아들이 열세 살이 될 때까지 그렇게 노래를 잘하는 줄 몰랐다. 한번은 담임 목사님이 한국에서 오신 은퇴 목사님을 우리 가족에게 소개해 주셨다. 한국 목사님은 '북한에서 얼마나 고생을 많이 하시고 이 땅까지 오셨냐?'고 하셨다. 그 말씀이 너무나도 고마운 나머지 뜨거운 눈물을 흘렸다. 한국 목사님은 우리 가족을 여러 번 식당에 초대해 주셨고 생활비도 보태 주셨다. 교회에서도 헌옷과 정성 어린 물질로 도와주셨다.

한국 목사님은 우리 가족에게 성경을 가르쳐 주셨다. 그 목사님을 아직도 잊을 수 없다. 처음 성경책을 받았을 때 우리 어머니가 그렇게도 사랑하셨던 하나님 말씀이라고 하니 단번에 다 읽어 보고 싶었다. 그런데 막상 읽으려고 하니 이해하기가 어려웠다. 말씀을 배우다가 십계명이 먼저 마음속에 들어왔다. 사실 우리는 우상이 뭔지, 안식일이 뭔지 설명해 줘도 도무지 이해할 수 없었다. 그러나 제5계명 '네 부모를 공경하라'는 말씀부터 10계명까지 완전히 이해가 되면서 참으로 진리의 말씀임을 깨닫게 되었다. 십계명을 통해 성경 말씀이 올바른 말씀임을 깨달은 나는 어머니 말씀대로 하나님은 능력 있는 분이라는 것을 확신했다. 어머니가 평생을 변함없이 주님과 함께하신 이유를 알게 되었다. 남편과 나는 믿음이 조금씩 성장하게 되었다.

어느 날 예배에 다녀온 남편이 말했다. "내가 오늘 예배 때 북한에서 장모가 기도하던 걸 핍박했던 죄를 회개했다." 남편은 하나님을 믿게 되면서 너무 마음이 아파 이제라도 죄를 회개했다고 했다. 장모가 추운 겨울날 밖에 나가 기도하는 걸 알면서도 그냥 모른 체 버려두었던 일이 마음 아프게 기억났다는 것이었다. 나의 어머니는 내 남편의 핍박에 못 견뎌 추운 겨울날에 한복을 입고 밖에 나가 기도하셔야만 했다. 남편은 고난의 행군 시절 당장 다음날 아침에 솥에 들어갈 쌀도 없어서 또 얼마나 굶어야 할지 눈앞이 캄캄한 상황인데 장모가 두 손 모아 기도만 하고 있으니 시끄럽고 귀찮게 느껴졌던 것이다. 나는 남편이 기도하던 장모를 핍박했던 십수 년 전의 죄를 깨닫고 회개할 줄 몰랐다. 모든 것이 중국에 와서 하나님을 영접하고 깨달은 은혜이다. 말씀은 진리이며 새 사람으로 변화시킴을 깨닫게 되니 하나님께 감사드린다.

북송과 감옥 생활

교회를 다니면서 행복을 누리는 것도 잠시였다. 가족들과 다시 만난 지 5개월이 지난 2000년 11월 11일이었다. 동서가 잠시 나갔다 올 테니 내게 TV를 보라며 한국 방송을 틀어 주었다. 나는 남조선이라고 하면 길거리에 거지 떼들이 들끓는다고 교육을 받았는데, TV 속 그곳은 너무나 깨끗하고 발전된 도시의 모습이었다. 그래서 나는 부인했다. "아니, 거긴 남조선이 아닐걸. 미국이 그렇게 발전했다고 했는데 미국이 아닙네까?" 그러자 동서가 말했다. "저기를 보시오, 대한민국이라고 쓰여 있지 않습네까?" 내 눈으로 그것을 확인하고서야 북한의 거짓말에 속아 살았다는 것을 단번에 깨달았다.

TV를 보고 있는데 갑자기 초인종이 울렸다. 당시 나는 중국 생활을 잘 몰라서 집안사람이 들어올 때에는 초인종을 누르지 않고 열쇠로 열고 들어온다는 생각을 하지 못했다. 문을 열어 주지 않았으면 그냥 지나가고 다시 찾아오지 않았을 텐데 나는 동서가 온 줄 알고 문을 열어 주고 말았다. 문밖에는 정복을 입은 공안이 서 있었고 나를 보고는 수갑을 꺼냈다. 그 순간 나는 방으로 뛰어 들어가 아이들에게 "빨리 솜옷(점퍼)을 입어라"라고 소리쳤다. 왜냐하면 함경북도 온성에서 장사하던 때, 탈북자들이 북송되어 오는 것을 본 적이 있기 때문이다. 그들이 온성 다리로 넘어오는데 팬티만 입고 온 여자, 내의만 입고 나오는 남자들도 있었다. 잡힌 자리에서 옷도 입지 못한 채 갑자기 끌려온 것이었다. TV를 보던 남편과 아이들이 솜옷을 챙겨 입기 시작했다. 마침 솜옷이 밖에 걸려 있어서 다행이었지 옷장 안에 있었다면 못 입었을 정도로 공안은 빨리 나오라고 독촉을 했다. 열세 살 아들, 열일곱 살 딸의 손목에 수갑을 채워 끌고 가는 모습을 보는 내 마음은 아프고 또 아팠다.

북송되어서 가는 길은 너무나 추워서 손발에 동상이 걸릴 정도였다. 중국 하얼빈에서 도문까지 나오는 사이에 여러 개의 감옥을 거쳤다. 그런데 북한에서 그 힘든 상황에서도 배고프다는 소리 한 번 안 하던 아들이 도문 검문소에서 "엄마, 북한에 들어가면 배가 고파서 어떻게 살아요? 중국 감옥에 1년 넘게 살다가 북송되면 좋겠어요. 북한에 가서 굶을 것을 생각하니 견딜 수가 없을 것 같아요"라고 말하며 우는 것이었다.

우리는 함경남도까지 계속해서 수갑을 차고 가야 했다. 학교 한 번 못 가 보고 온갖 고생을 다 한 아들과 딸의 손목에 수갑이 채워진 것을 보고 나는 계속해서 울었다. 수갑만 보면 울음이 나왔다. 함경북도 온성군 남양으로 넘어가는 다리에서 검열관들은 우리가 입은 옷 상표를 보고 남조선 솜옷을 입었다며 벗겨서 가위로 갈기갈기 잘라 "이 배신자들아" 하며 우리 얼굴에 뿌렸다. 솜옷을 뺏기고 나니 얼어 죽을 만큼 추웠다.

감옥은 냉동고 같았다. 그곳에서는 여자들의 옷을 발가벗기고 앉았다 섰다를 100번 시켰다. 자궁 안에 돈이나 금붙이,

비밀 쪽지를 숨겨 두었는지 확인하기 위해서였다. 나는 20번도 못하고 쓰러지기를 반복했다. 그러면 몽둥이로 두들겨 팼는데도 도저히 할 수 없었다. 온성군 감옥에서 나는 북한의 악랄함을 보고 말았다.

영하 30도가 되는 감방 안에서 한 여자가 출산을 했다. 아기를 낳자마자 간수가 들어왔다. 간수들은 모두 20대였다. 간수는 아기 엄마를 향해서 "그 아기를 죽여라!"라고 명령했다. "어떻게 아기를 죽입니까? 나는 못 죽입니다!" 아기 엄마가 소리를 지르며 바닥에 나동그라지자 간수는 말했다. "너는 북한을 배반하고 중국에 들어가서 중국 남자의 아이를 낳았다. 죽여야 된다." 못 죽이겠다고 아기 엄마가 정신을 잃고 쓰러지자 간수는 다른 탈북자 출신 여자에게 대신 죽이라고 명령했다. 그 여자는 그 소리에 벌벌 떨었다. 계속해서 죽이라고 했지만 못 죽이고 있었다. 그러자 간수가 다른 탈북자의 가슴에 권총을 대고 "네가 죽여라. 안 죽이면 내가 너를 죽일 테다"라고 강요했다. 그러자 그 여자가 눈을 감고 아기의 목을 졸라서 죽였다. 그러고는 그 여자도 고꾸라졌다. 그 광경을 보던 사람도 다 같이 기절했다. 소름끼치고 치가 떨리는 일이었다. 간수는 아기를 죽인 여자를 살인자로 몰아세웠다. 죽이라고 강요해 놓고 결국에는 그 여자를 공개 총살했다. 그 광경을 본 나는 도무지 밥을 먹을 수 없었고 그 안에 있는 모든 사람들도 마찬가지였다.

작은 감방 안에 죄수 일곱 명이 지냈다. 변기가 있었지만 비닐도 둘러쳐 있지 않았다. 대소변을 보는 것도 간수의 허락을 받아야만 했다. 내 죄수 번호는 48번이었다. "48번, 대소변을 볼 수 있습니까?"라고 요청을 해도 허락하지 않으면 바지에 그대로 보아야만 했다. 나는 시멘트 바닥 생활로 인해 방광염이 생겨서 자주 소변을 보아야 했지만 그들은 소변을 못 보게 했다. 어쩔 수 없이 바지에 소변을 수십 번 봤다. 바지가 말라서 굳고 썩은 냄새가 나도 어쩔 수가 없었다. 방광염 때문에 소변을 빨리 못 보는데, 또 소변을 빨리 안 본다고 야단을 맞았다. 이렇게 대소변도 맘대로 못 보는 상황 속에서 지내야 했다.

일반 감방에서는 새벽 5시부터 밤 12시까지 무릎을 꿇고 앉혀 놓았다. 허리를 꼿꼿이 편 채로 무릎을 꿇는 자세에서 조금이라도 굽히면 안 되었다. 간수는 군화를 신고 다니면서 안을 들여다보았다. 다리가 저리고 아파서 죽을 것 같으면 간수가 내 감방을 지나가는 순간을 틈타 얼른 다리를 폈다가, 다시 가까이 오는 소리가 들리면 다시 무릎을 꿇곤 했다.

식사는 삶지도 않고 씻지도 않아 모래가 와삭와삭 씹히는 시래깃국을 주었다. 썰지도 않아 씹기 힘들어서 짐승들에게나 먹일 국이었다. '이것이 사람이 먹는 것인가?' 생각하면서도 먹지 않으면 살 수 없으니 어쩔 수 없었다. 건더기는 국에 몇 개 띄운 옥수수 껍질이 전부였다. 나는 건더기는 딸에게 주고 국물만 먹고 견뎌야 했다. 숟가락은 손잡이가 없었다. 자살 시도를 못하도록 손잡이를 다 잘라서 없애 버렸고 머리만 있는 숟가락을 주었다. 말은 한 마디도 못하게 했다. 작은 소리로 속닥거리다 걸리기라도 하면 죽어났다.

예전에 북한에 있을 때부터 예수를 믿는 자와 정치범은 영영 돌아오지 못할 곳으로 보낸다는 말을 많이 듣곤 했다. 북한 당국은 정치범 수용소가 없다고 주장하지만 그것은 사실이 아니다. 나는 하루 세 번씩 식사 전에 딸에게 중국에서 예수를 믿었다는 말을 절대로 하지 말라고 신신당부했다. 말을 할 수 없어서 감방 바닥에 손가락으로 글을 썼다. 딸은 내가 다짐해 놓은 덕분에 말하지 않았다. 가족이 제각기 심문을 받기 전에 미리 말을 맞추고 싶었지만 불가능했다.

어느 날 우리 가족을 한꺼번에 나오라고 불렀다. 남편도 내 옆에 서고 딸도 함께 섰다. 간수는 남자 팔뚝만 한 고문 몽둥이를 가져와서 책상을 탁 내려쳤다. 그런데 그것을 내리치자마자 갑자기 남편이 소리를 치며 가슴을 들이댔다. "하나님을 믿은 것이 죄라면 그 몽둥이로 나를 때려 죽여라!" 딸과 나는 그 말을 듣고는 온몸을 떨기 시작했다. 몽둥이로 맞는 것이 두려운 것이 아니라 '하나님'이라는 말이 나오기 시작할 때부터 어떻게 될지 너무나 잘 알고 있었기 때문이다.

남편이 그렇게 말한 것은 전날 심문을 받을 때 보위부원들의 회유에 넘어갔기 때문이다. 보위지도원은 남편을 회유했다. "이 문건이 중앙으로 올라가는데 너희가 살던 연길 조선족자치구에 알아볼 것이다. 만일 너희가 말하지 않은 것이 더 나타나면 그때는 너희들 목숨은 없을 줄로 알아라. 그러니 실토해라. 그러면 용서해 주겠다." 남편은 이 회유에 넘어가서 중국에서 예수를 믿었고 남조선 목사까지 만났다고 말을 했던 것이다.

남편이 이 말에 회유된 것은 1950~1959년도에 북한에서 시행된 '계급 청산' 때문이었다. 그때 김일성은 "죄를 지은 자도 조선로동당 앞에 자백하면 용서해 준다"고 약속했고, 수년간 그것을 실천했다. 그리고 실토한 사람은 범죄자로 여기지 말라고 공표했다. 그래서 남편은 자식과 가족을 살리기 위해 자백한 것이었다. 그러나 자백 후 남편과 나는 도리어 독방에 갇혔다. 그들이 거짓말을 한 것이었다.

보위지도원은 남편에게 "남조선 목사한테 어떤 임무를 받고 여기로 왔느냐?"며 정치적으로 걸고 들어왔다. 남편은 당당하게 대답했다. "남조선 목사에게 임무를 받았다. 임무를 받았는데 하나님을 믿고 잘 살라는 임무를 받았다." 그러자 보위지도원은 명령했다. "이자를 강하게 다스려라." 간수는 남편을 벗겨 놓고 몽둥이로 때렸다. 남편은 정신을 몇 번이나 잃었고 목에서는 피가 흘러나와 그대로 쓰러졌다. 벗겨 놓고 온몸을 때려서 새빨간 살이 돼지고기처럼 드러났다. 하루에도 몇 번씩 의식을 잃었다가 정신을 차리는 순간이면 하나님께 기도를 드리던 남편은 하나님을 믿는 것이 죄가 아니라며 끝까지 버텼다.

독방은 너무나 비좁았다. 일반 감방은 순찰을 하는데, 독방은 한 명이 항상 감시했다. 일분일초도 잠을 못 자게 했다. 24시간 무릎을 꿇은 채 조금도 움직이지 못하게 했다. 일반 감방에 있을 때는 건더기를 딸에게 다 주고 남은 시커먼 국물이라도 먹었지만, 이제 그 국물마저 먹지 못하게 되었다. 해가 전혀 안 들어오니 며칠이 지났는지, 낮인지 밤인지 알 수가 없었다. 가장 고통스러운 것은 물 한 모금도 못 마시는 것이었다. 나는 "물 한 모금만 달라"고 빌었다. 간수가 문을 열 때까지 계속해서 빌었다. 간수가 문을 열고 들어오기에 물을 주려고 들어오는 줄 알았다. 정말 어리석은 생각이었다. 간수는 나를 두들겨 패기 시작했다. 스물세 살짜리 간수는 밀치고 손바닥으로 때리는 것만으로도 나를 죽일 수 있을 것 같았다. 간수는 군화로 나를 차기 시작했다. 군화로 내려치는 것이 철퇴로 치는 것처럼 아팠다. 군화에 철이 박혀 있는 것을 그때 처음 알았다. 머리도 차였는데 벽에 심하게 부딪혔다. 독방은 일반 감방보다 훨씬 좁아서 맞다 보면 벽에 이리저리 머리를 부딪혔다. 잠을 못 자 눈에 피가 고여서 앞이 잘 보이지 않았고, 머리를 찰 때마다 눈알이 빠지는 것 같았고, 혀가 턱밑에까지 빠져나왔다. 무남독녀 외동딸로 태어나서 한 번도 맞아 본 적이 없었던 나는 '맞아 죽는 것이 이런 것이구나' 생각이 들었다.

그날부터 간수는 나를 더욱더 괴롭혔다. 간수가 감방 안에 들어오면 나는 구석에 쪼그리고 앉아서 눈부터 두 손으로 감싸 쥐고 있었다. 간수가 내 머리를 찰 때마다 눈이 빠지는 것 같은 고통에 눈만이라도 보호하려고 했던 것이다. 하루에도 몇 번씩 정신을 잃으면 냉동고같이 추운 감방 안에서 찬물을 끼얹어 정신을 차리게 했다. 모진 고문이 너무나 고통스러워서 다시 정신을 차릴 때면 살아 있는 것이 원망스러웠다. 그러나 정신을 차릴 때마다 하나님을 의지하는 기도와 눈물이 피가 되어 흘렀다. "하나님 내 어린 자식들을 살려 주세요, 하나님!"

그렇게 기도할 때마다 아름다운 성전에서 예배를 드리며 감사와 찬송으로 영광을 돌리던 때가 그렇게 그리웠다. 지금 이 시간 이 감방이 교회로 바뀌면 얼마나 좋을까? 사랑하는 성도님들이 간절히 그리웠고 강단에서 말씀을 전하시던 목사님의 모습이 자꾸만 떠올랐다. 나는 마음속에 십자가를 모시고 우리 생명을 하나님께 맡기며 어린 자식들과 가족을 살려 달라고 간절하게 기도드렸다.

기도할 때도 눈뜨고 해야 했다. 북한 보위부가 눈을 감으면 기도하는 걸 모르는 줄 알았더니, 눈 감고 있는 나를 발견하고는 감방 문을 열고 들어와서 소리쳤다. "야, 예수쟁이 간나야. 이게 여기가 어디라고 기도하냐?" 그날 나는 죽도록 두들겨 맞고, 오른쪽 쇄골과 갈비뼈 두 대가 부러지면서 정신을 잃고 쓰러졌다. 그 고통을 어찌 말로 다 표현할 수 있을까? 마지막에는 무서운 고문에 더는 견디기 힘들었다. 두들겨 맞을 때마다 죽여 달라고 소리치며 사정했다. "차라리 나를 죽여 주시오. 하나님을 믿은 게 죄라면 나를 죽여 주시오." 너무 힘들고 고통스러워서 차라리 죽는 것이 이 고통을 피하는 유일한 길로 보였다. 고문을 받고 질질 끌려 나오면서 나는 속으로 찬송가 94장을 불렀다.

주 예수보다 더 귀한 것은 없네
이 세상 행복과 바꿀 수 없네
유혹과 핍박이 몰려와도 주 섬기는 내 맘 변치 않아
세상 즐거움 다 버리고 세상 자랑 다 버렸네
주 예수보다 더 귀한 것은 없네 예수밖에는 없네

이 찬송가를 마음속으로 부르며 하나님으로부터 힘과 용기를 얻었다. 감옥에서 나올 때는 갈비뼈와 쇄골이 부러진 상태였다. 숨조차 쉬기 힘들었고, 다리 신경이 마비된 듯 걷지 못했다.

간수들은 내가 정신을 잃으면 독방에서 개 끌듯이 복도로 질질 끌고 와서 죄수들이 다 보는 앞에서 10kg짜리 대야로 찬물을 붓고 정신이 들게 만들었다. 그렇게 정신을 차리면 몸에서 물이 흘러내리는데 영하 30도 아래의 냉동고 같은 감옥이 너무나 추워 상처로 인한 통증은 느낄 수 없을 정도로 무감각해졌다. 그러고는 또 독방으로 질질 끌려갔다. 보위부가 독방에 있는 나를 일반 감방으로 끌어다 고문하는 이유는 예수쟁이에겐 이렇게 한다는 것을 본보기 삼아 보여 준 것이었다. 일반 감방에는 내 딸이 있었는데, 내가 끌려 나올 때마다 어머니가 맞아 죽는 줄 알고 울었다고 한다. 그러한 상황 속에서도 여전히 내 눈이 남아 있고 지금까지 내 생명이 남아 있다는 것은 어머니의 기도가 아니면 불가능했을 것이다.

남편은 하나님 믿는 것이 죄가 아니라고 계속 말했다. "북한 정치가 싫어서 넘어간 것이 아니다. 배가 너무 고파서 넘어갔고 잘 살아 보려고 하나님을 믿었다. 이전에 북한에서 잘 살았다면 중국에 들어가지도 않았고, 하나님을 믿지도 않았다. 못살기 때문에 잘 살려고 하나님을 믿었다. 그게 죄라면 그 몽둥이로 나를 때려 죽여라." 아무도 입도 뻥끗 못하게 하고 무릎을 꿇린 채 고문받는 숨소리조차 낼 수 없는 그 감옥에서, 남편은 큰 소리로 하나님을 믿은 것이 죄라면 죽이라고 외쳤다. 그러자 간수는 남편의 입에 솜을 틀어막고 묶어 놓고 때렸다. 우리 두 사람은 돼지고기, 소고기처럼 살이 시뻘겋게 터져서 나왔다. 그러면서도 남편은 계속해서 저항했다.

남편이 과거에 우리 어머니를 핍박했던 것이 생각났다. 고난의 행군 동안 기도할 때마다 "하나님을 믿고 기도를 하는데 왜 우리가 이렇게 못사느냐? 하나님이 있다면 우리만이라도 잘살아야 하지 않느냐?"며 어머니를 핍박하던 사람이었다. 그런데 중국에 온 뒤, 한국에서 온 목사님과 6개월 동안 성경 공부를 하며 하나님의 말씀을 깨닫자, 남편은 하나님의 말씀만이 진리이며 바른 길을 가게 해 준다고 확신하게 되었다. 그래서 언제 죽을지 모르는 감옥에서도 '하나님을 믿은 것이 죄라면 나를 죽여라'라고 당당하게 맞설 수 있었던 것이다. 하나님의 말씀이 남편의 마음속에 들어와 있었다. 감옥에서 남편은 남편대로, 나는 나대로 정신만 차리면 기도했다.

끝없이 고문을 받던 어느 날, 늘 그랬듯이 그날도 정신이 나간 것처럼 몽롱한 상태로 있었다. 간수가 우리 가족을 모두 한꺼번에 불러냈다. 2000년 12월 31일 저녁 7시 반이었다. 나는 뭔가 심상치 않다고 생각했다. 나가 보니 차가 와서 대기하고 있었다. '아, 이젠 정말 정치범 수용소로 가는구나! 저 딸과 어린 아들이 불쌍해서 어떡하나?' 나는 질질 끌려 나오면서 어린 자식들이 불쌍해서 눈물을 흘렸다. 정치범이나 예수쟁이들은 밤중에 검은 모자를 덮어씌워서 차에 태워 줘도 새도 모르게 데리고 갔기 때문이다.

우리가 도착한 곳은 바로 보위부장실이었다. 보위부장을 만나는 이들은 다시는 만나지 못할 곳으로 보내지거나 노동단련대, 즉 특별한 데로 보내질 사람들이었다. 나는 이제 마지막이라고 생각했다. 셋째 딸은 계속해서 동생이 불쌍하다고 울었다. 보위부장실에서 다음 날 새벽에 동이 틀 때까지 밤새도록 취조를 받았다. 취조를 다 마친 후, 보위부장은 최후 결론을 내리면서 말했다. "너희는 지금부터 죄를 용서해 준다! 너희의 죄를 관대히 용서해 줄 테니 이제 다시는 중국에 들어가지 말아라." 정치범 수용소로 데리고 갈 줄 알았는데 정말 뜻밖의 일이었다. 나는 내 귀를 의심했다. 혹시나 내가 착각하고 잘못 들은 것이 아닌가 싶었다. 하지만 그 자리에서 나는 말했다. "제게 여전히 공민권(주민등록증)이 있으니 집을 주시오. 그리고 노임과 먹을 것을 주시오." 사실 그 자리에서 그렇게 말할 사람은 아무도 없을 터였다. 그러나 나는 면죄를 받았으니 인민의 권리가 있다고 주장했다. 솔직히 달라고 한들 줄 사람들도 아니었고 줄 집도 없는 상황이었지만, 화풀이라도 하고 싶었던 것이다.

감옥에서 나온 후 알고 보니 대사면령이 내려진 상태였다. 감옥 안에 있던 죄수들이 많이 풀려난 것을 알 수 있었다. 하나님은 감옥 안에서 울부짖는 우리의 기도를 들으시고 대사면령을 내려서 죽음의 길에서 건져 주셨다. 우리 같은 종교범은 당연히 정치범 수용소에서 죽음을 맞이해야 하는 상황인데도 불구하고 풀려난 것이었다. 사도 바울이 감옥에서 찬송했을 때 하늘에서 천사가 내려와서 족쇄가 풀리고 감옥 문이 열렸던 것처럼 하나님께서는 우리의 기도 소리를 들으셔서 감옥에서 해방되는 기적적인 역사를 펼쳐 주셨던 것이다. 할렐루야!

마침내 감옥에서 나오기는 했지만 오래 살 수 있을 것 같지 않았다. 이미 고난의 행군 때 쇄골이 부러져 있던 나는 감옥에서 맞아 오른쪽 갈비뼈까지 부러졌다. 또한 감옥에서 24시간 무릎을 꿇리고 앉혀 놓는 고문으로 다리에 신경 마비가 와서 제대로 걷지 못했다. 남편도 온몸이 부서지고 얼굴이 붓고 터져 알아볼 수 없을 지경이었다. 그런데도 남편은 감옥에서 나오자 나를 보고 빙그레 웃어 보였다. '당신도 살아서 나왔구만. 나도 살아서 나왔고 우리가 이렇게 살아서 나와 다시 만났구만' 하는 의미였다. 우리는 아들딸의 부축을 받아 기다시피 해서 겨우 나왔다. 잠도 못 자고 먹지도 못하고 물도 마시지 못해서 미칠 것만 같았다. 눈에는 실핏줄이 터져서 앞이 잘 보이지 않았다. 우리 가족이 풀려난 것은 감옥에 간 지 52일 만이었다. 어린 아들과 딸은 일반 감방에 52일간 갇혀 있었고, 나와 남편은 일반 감옥에 22일 있다가 예수님을 믿었다는 죄로 독방에 30일간 갇혀 있었다.

너무나 처참한 상태로 감옥에서 나온 우리에겐 머물 집도 없었고 먹을 음식도 없었다. 길가에서 남들이 버린 똥 냄새나는 썩은 감자 껍질을 주워 먹기도 했다. 썩은 사과도 먹었다. 보위부에서는 남편을 예전에 일하던 공장으로 보냈다. 남편은 옷 가공 공장에서 준비실장으로 있었는데, 그곳에서 엄청난 마음의 상처를 받았다. 중국에서 잡혀 들어왔다고 사람을 짐승만도 못하게 취급하는 것이었다. 동네 사람들도 우리 가족을 사람 취급하지 않았다. 물 한 모금이라도 주면 보위부에서 어떻게 할까 봐 모른 체했다. 어느 날 우리 가족이 공장 경비실 아궁이 앞에서 앉아 있었는데 남편 쪽에서 쥐새끼가 나왔다. 남편은 그 쥐새끼를 발로 잡아 아궁이 넣어 구워서 통째로 입에 넣고 머리부터 먹었다. 쥐꼬리가 남편 입에 걸려 있는 것을 보고 아이들은 놀라 기겁을 했다.

물론 남편과 나는 독방에서 살아서 나온 것만으로도 기적이라고 했다. 보통 죽어서 시체로 나오는데, 이렇게나마 살아 나온 것만으로도 감사한 일이었다. 그러나 우리는 더 이상 북한에서 버림받은 자로 살 수가 없었다. 결국 남편이 말했다. "나는 한 달 정도 더 건강을 추스른 후에 아들과 함께 들어가겠소! 그러니 당신은 딸을 데리고 중국으로 먼저 들어가시오. 저번처럼 일을 구하지 말고 교회로 먼저 가오. 먼저 하나님께 예배를 드리시오. 그리고 한 달 후 우리 식구 모두 교회에 열심히 다니며 하나님을 잘 믿읍시다."

하지만 이 말은 결국 남편의 유언이 되고 말았다. 한 달이 되어도 두 달이 되어도 남편은 중국에 들어오지 못했다. 심지어 1년이 되어도 남편의 소식은 없었다. 후에 남편이 감옥에서 받은 고문을 이기지 못해 하늘나라로 갔다는 소식이 들렸다. 남편은 동생 집에 아들을 데리고 갔다고 한다. 그리고 거기서 죽음을 맞이했으며 아들은 그곳에 남겨졌다.

내가 생각해 봐도 당시 남편은 살아날 가망이 없을 정도로 몸이 만신창이가 되어 있었다. 고문으로 정신도 온전치 못했고 얼굴도 알아볼 수 없을 정도였기 때문이다. 그래도 나는 남편으로 인해 감사하다. 어머니를 그렇게 핍박하던 사람이 중국에서 5개월 만에 믿음을 받아들이고 죽음 앞에서도 그 믿음을 저버리지 않고 당당하게 말할 수 있는 사람이 되었다는 것이 너무나 감사할 따름이다. 이제 남편은 천국에서, 나는 한국에서 하나님을 섬기고 있다. 하나밖에 없는 사랑하는 아들과 헤어진 지도 20년이 넘었다. 어떤 환경에서도 하나님께서 우리 아들을 지키고 보호해 주심을 나는 믿는다.

다시 중국으로

다음 해 10월, 재탈북하기로 결심한 우리는 예전에 딸이 남편과 함께 넘어온 그 지점을 탈북 루트로 선택했다. 딸이 수영을 잘하니 딸의 도움을 받고자 했던 것이다. 셋째 딸이 자기 몸에 나를 밧줄로 매고 헤엄을 치는데 물살이 너무 빨랐다. 감옥에서부터 잘 먹지 못해 힘이 없는 상태였기에 200~300m를 떠내려가다가 다시 목적지까지 헤엄쳐 건너가려고 했다. 이것을 반복하다 보니 예전에 그랬던 것처럼 또다시 경비병들에 발각이 되었다. 총탄이 날아오기 시작했다. "거기 서라! 저기 잡아라. 안 서면 죽인다." 고함소리와 함께 총알이 빗발치기 시작했다. 두만강 물속에 총알이 비가 내리듯이 쏟아졌다. 강물 속에 머리를 숙이자니 물을 먹어 죽겠고 머리를 들자니 총알이 날아와 생명을 위협했다. '이번에는 정말 죽는구나….' 저번에는 구사일생으로 살아남았지만 이번에는 정말 죽을 수도 있겠다는 공포감이 엄습해 왔다. 두만강 물속에서 고개를 들 때마다 "하… 나… 님…" 하고 부르며 살려 달라고 애원했다. 지난번에 남편과 아이들은 두만강 한가운데서 발각되었지만 이번에는 다행히도 2/3 정도 건너온 상태였다. 천신만고 끝에 우리는 강 건너편에 다다를 수 있었다. 하나님의 도우심이 아니면 불가능한 일이었다.

두만강을 넘어와서도 문제였다. 그곳에는 항상 중국 경비대가 버티고 있기 때문이다. 10월이라도 날씨가 추운데다가 캄캄한 밤이었고 온몸이 젖어서 천근만근이었다. 못 먹어서 더더욱 힘이 없었다. 우리는 갈 방향도 모르고 무조건 걷기 시작했다. 그런데 한참을 걷다 보니 왔던 길을 뱅뱅 돌아 제자리로 되돌아와 있었다. 건너올 때 비닐에 조금 넣어 온 요깃거리를 먹고 버렸는데 그 비닐이 있는 장소로 다시 돌아온 것이다.

우여곡절 끝에 우리는 중국 땅에 다시 발을 들이게 되었다. 셋째 딸과 나는 바로 하얼빈으로 가지 않고 길림성으로 갔다. 그곳 시골 마을에 큰딸과 둘째 딸이 살고 있었기 때문이다.

탈북자 교회의 은혜와 고난

재탈북 후 딸네 집에 도착하자마자 근처 중국인 교회에서 가서 기도를 드렸다. 중국인 교회는 큰딸 집에서 5분 거리에 있었다. 주일 예배에 참석하니 중국 성도들이 이상한 눈으로 나를 봤다. 게다가 찬송가는 곡조가 같아서 그래도 따라 부르겠는데 중국 말로 하는 설교는 하나도 알아들을 수 없었다. 동네 사람들의 시선이 온통 내게 쏠려서 결국 나는 공개적으로 중국인 교회를 다닐 수 없었다. 그래서 아무도 없을 때 몰래 교회에 갔다. 그런데 교회는 자물쇠를 세 개나 채워 놓아 예배당 안에 들어갈 수 없었다. 나는 교회 마당에 무릎을 꿇고 십자가를 올려다보며 눈물을 흘리며 기도했다. "아버지, 이 딸이 다시 찾아왔어요. 저를 다시 맞아 주셔서 감사드립니다. 앞으로 저는 아버지께 효도하는 딸이 될래요." 그후로 틈만 나면 교회 마당에서 무릎을 꿇고 기도했다. 그런데 그 교회는 마을 한가운데에 있었다. 내가 지나가면 한족들이 온통 수군대며 시선이 집중되었다. 마음이 편히 기도할 수가 없어 결국 나는 중국인 교회에 가는 것을 포기했다.

그때부터 주일마다 뒷방에서 사도신경을 외우고 성경을 읽고 찬송을 부르면서 혼자 예배를 드렸다. '내가 갈 곳이 없어서 혼자서 예배드리는 신세가 되었구나.' 북송되기 전 하얼

빈에 있는 조선족 교회에서 신앙생활을 하던 때가 자꾸 생각
나고 눈물이 났다. "하나님, 어찌하여 교회도 없는 곳으로 나
를 보내셨나이까?" 예배를 드릴 수 없는 상황이 된 것이 가
슴 아파서 통곡하며 기도했다. "하나님 나를 다시 그 교회로
보내 주세요." 내가 통곡하면서 우는 것을 보고 셋째 딸이 말
했다. "엄마, 이제는 집에서 울지 말고 200리든 300리든 교회
를 다니세요." 당시 결혼하여 근처에 살고 있던 셋째 딸은 하
나님을 믿지는 않았지만 내가 우는 모습을 보고 마음이 아
팠는지 그렇게 말해 주었다. 하지만 나는 혼자 예배를 드리
면서 찬송하다가 울고, 기도하다가도 울고, 말씀을 읽다가도
울었다.

그러던 어느 날 시장에 나갔다가 탈북자 한 사람을 만나
게 되었다. 그곳에는 많은 탈북자들이 와 있었다. 하지만
50명 정도가 잡혀서 북송되거나 도망을 쳐서 마을에 남은 사
람이라고는 열 명 남짓한 상황이었다. 그 사람이 다른 사람들
에게 하는 말을 우연히 듣게 되었다. "조선족들이 모여서 예
배를 드린대." 귀가 솔깃했다. "저기, 거기서 예배드리는 사람
들이 탈북자래요, 조선족이래요?" "몰라요. 거기서 몇 명이 모
여서 믿는대요."

나는 그 주일에 바로 그곳을 찾아갔다. 내가 일을 못 하니
생활도 어려운 자식들에게 손 벌리지 말고 돈을 아껴야겠다

고 마음을 먹었기에 버스도 안 타고 걸어갔다. 도착했을 무렵에는 탈북자 다섯 명에 조선족 두 명, 나까지 포함해서 여덟 명이 있었다. 조선족 남자의 탈북자 아내가 하나님을 믿었기에 그 집을 구역 처소로 삼아 예배를 드리고 있었던 것이었다. 그들은 마분지로 만든 십자가를 흰 종이로 싸고 그 위에 붉은 색을 칠해서 정면에 붙여 놓았다. 한 사람이 연길에 있는 한국 목사님에게서 배워 온 말씀을 전해 주고 있었다. 연길은 우리가 있는 곳에서 버스로 네 시간이 걸렸다. 그 먼 곳까지 가서 말씀을 배워서 우리에게 전하였던 것이다. 우리끼리 헌금 위원도 정하고 나름대로 조직을 세웠다. 녹음기를 틀어 놓고 찬송을 부르면 소리가 밖으로 새어 나가기 때문에 예배 중에 한 사람은 밖에 나가 망을 봐야만 했다.

그러던 중 100리 밖에 있는 어느 조선족 교회 목사님이 우리 모임에 대해 듣고 직접 찾아오셨다. 처음 보는 목사님 앞에서 우리는 모두 아이처럼 엉엉 울었다. 목사님도 함께 울며 "수고했다, 수고했다"라고 위로를 해 주셨다. 그 후로는 목사님이 오셔서 예배를 인도해 주셨다. 2년 동안 그곳을 다니면서 탈북자 다섯 명을 전도하여 성도가 열세 명으로 늘어났다. 그들은 중국에 와서 하나님을 믿게 된 사람들이었는데 교회가 없어 신앙생활을 하지 못하고 있다가 목사님을 통해 다시 신앙생활을 시작한 것이다.

인원이 열세 명으로 늘어나자 조선족 목사님은 정부에 공
식적으로 신분이 없는 탈북자 교회를 세우게 해 달라고 요청
했다. 그런데 정부에서 승낙을 해 주지 않았다. 첫째로 목회
자가 없다는 게 이유였다. 100리 밖에서 목사님이 오시지만
그것으로는 안 된다는 것이다. 둘째로는 건물이 없고, 셋째
로는 탈북자들끼리 모여서 중국을 비판하고 대항하는 음모
를 꾸밀지도 모르는데 어떻게 믿겠느냐는 것이었다. 그 말
이 떨어지자 목사님이 예배 처소를 급히 다른 마을로 옮기
자고 했다. 탈북자들끼리 모여서 무슨 책동을 벌일지 모른
다고 정부가 의심하게 되었으니 언제 어떻게 잡혀 나갈지 알
수 없는 상황이 되어 버렸다. 어쩔 수 없이 예배 처소를 옮길
수밖에 없었는데, 예배 처소를 옮길 만한 곳이 없어 결국 다
흩어져야만 했다. 마지막 예배를 드린 그날은 눈물바다였다.
"우리의 믿음을 합하자!" 외치며 내 손을 내밀었더니 모두가
손 위에 손을 얹으면서 함께 울고 기도했다. 그렇게 우리는
헤어졌다.

우리 가족이 중국을 떠난 후, 북한에 김정은 정권이 들어서
자 대대적인 탈북자 체포 명령을 내렸다. 그때 나와 함께했
던 분들은 다 잡혀갔다. "국적을 해결해 줄 테니 파출소로 오
라"는 중국 당국의 말에 속은 사람들이 파출소에 들어서는
순간, 검은 모자를 씌워 끌고 가 버렸다. 그들은 중국에서 산

지 20년이 넘었고 아이들까지 다 큰 상태였다. 아이들이 울고, 남편들이 울고, 동네 전체가 눈물바다가 되었다. 이웃들과도 20년 동안 같이 지내면서 정이 많이 들었기 때문이다.

그들은 도문 지하 감방으로 보내졌다. 한족 남편 한 분이 찾아갔지만 면회를 허락해 주지 않았다. 그 후에는 금 목걸이, 저금통장을 탈탈 털어서 면회를 갔다. 그러나 많은 돈을 주고도 한 명도 빼내지 못했다. 들은 소식에 따르면 예수 믿는 자들을 집중적으로 잡아오라는 북한 당국의 특별 지시에 믿는 사람들만 체포했다고 한다. 함께 예배를 드리면서 손에 손을 잡고 이 믿음 어디 가도 변치 말자고 했던 그 사람들이 정치범 수용소에 갔는지, 죽었는지 살았는지 알 길이 없었다. 2년 후에 우리에게 소식이 하나 전달되었다. 북한 보위부가 기독교인들을 고문하다 마대 자루에 넣은 채 바다에 던져 넣어 물고기 밥으로 삼았다는 것이다. 북한에서는 예수를 믿는 사람들을 그토록 싫어했다.

그런 와중에도 우리 가족은 하나님의 은혜로 한국에 오게 되었다. 만일 우리가 그곳에 계속 있었다면 몽땅 잡혀갔을 텐데 하나님께서 피할 길을 주신 것이다.

"이는 그가 너를 새 사냥꾼의 올무에서와 심한 전염병에서 건지실 것임이로다 그가 너를 그의 깃으로 덮으시리니 네

가 그의 날개 아래에 피하리로다 그의 진실함은 방패와 손
방패가 되시나니"(시 91:3-4).

"나의 구원과 영광이 하나님께 있음이여 내 힘의 반석과 피
난처도 하나님께 있도다"(시 62:7).

그 동네에서는 우리가 떠나기를 잘했다는 말을 지금도 한
다. 그렇게 하나님은 나와 우리 가족에게 특별한 은혜를 베풀
어 주셨다.

시골 조선족 교회

탈북자 교회가 무너진 후 나는 왕복 200리나 떨어
져 있는 조그만 조선족 교회를 알게 되어 그때부터 그 교회
를 다니게 되었다. 여름에 에어컨은 고사하고 선풍기조차 없
고 겨울에는 온풍기가 없는 버스를 타고 다녔다. 영하 30도까
지 내려가는 추운 겨울이면 양말을 두세 켤레나 신어도 발이
시렸다. 산비탈을 돌아서 고개를 넘는 위험한 길이었지만 나
는 교회로 인도해 주신 것에 감사를 드렸다.

그런데 어느 날 목사님이 말씀하셨다. "탈북자 성도들은 다

음 주에 나오지 마세요. 북한의 김정일이 또 난리를 핍니다."

그 말씀에 내 가슴은 얼마나 써늘하고 눈물이 쏟아지는지 몰랐다. 다른 사람들은 신앙의 자유를 누리면서 마음 놓고 교회를 다니는데 탈북자 신분인 나는 마음 편하게 교회도 다니지 못하는 상황이 가슴 아프고 불안했다. 그러한 상황에도 탈북자들은 신앙을 포기하지 않고 교회를 다녔다.

당시에 중국 공안은 한 교회씩 골라 주일에 갑자기 예배당을 포위하곤 했다. 그러고는 독 안에 든 쥐를 잡듯 탈북자들을 잡아갔다. 목사님께서 "요즘은 아무 데도 돌아다니지 마세요. 역전에서 신분증 검열을 합니다"라고 알려 주시면 우리는 꼼짝없이 집안에만 있었다. 밤 12시에도 목사님이 다급한 목소리로 "빨리 튀라"고 전화하시면, 침을 뱉자마자 바로 얼어붙는 날씨에도 주섬주섬 옷을 걸치고 100리든 200리든 도망을 갔다. 유사시에 미리 약속해 놓은 딸들의 시댁 친척집으로 피신하여 며칠씩 숨어 있다가 다시 돌아오곤 했다. 그럴 수도 없는 급한 상황에는 옥수수 단이나 콩밭 아래에 숨어 손발이 다 어는 고통 속에 기다려야만 했다. 그래도 나는 믿음을 잃지 않았고 내 생명을 다 바쳐서라도 하나님을 버리지 않겠다고 다짐하고 또 다짐했다.

조선족 교회에서 전도에 힘쓰다

3년 후에 나는 장춘시로 옮겨 가게 되었다. 시골에서 동네 사람들의 이목 때문에 자유롭게 지내지 못한 둘째 딸이 남편과 상의하여 장춘이라는 큰 도시로 이사를 했는데, 내게도 오라고 했기 때문이다. 거기서 규모가 큰 조선족 교회에 출석하게 되었다. 집 근처에 다른 교회가 있었지만 나를 도와주신 목회자가 소개해 주셨기에 버스를 갈아타며 두 시간이 걸리는 그 교회로 가기로 했다.

나는 '구역과 교회는 예수님이 세우신 것이다'라는 생각에 구역 생활을 꿈꾸며 교회로 갔다. 그 교회는 새로 건축한 건물인데다가 교인도 1,000명 이상 되는 큰 교회였는데 정작 내가 들어갈 구역이 없었다. 교회는 장춘시 동남쪽에 위치했는데 내가 살던 집은 서북쪽이었기 때문이다. 이 교회에서는 사모님이 구역 모임과 여전도회를 책임지셨기에 나는 사모님에게 부탁을 드렸다. "제가 구역이 없는데, 어느 구역에 가야 하겠습니까? 구역 생활을 할 수 있도록 편입 좀 시켜 주세요."

사모님은 구역에 소속되려면 집에서 먼 곳까지 가야 하는데 어떻게 구역 생활을 하겠냐며 불가능하다고 했다. 그래서 사모님께 부탁했다. "사모님, 구역장에게 주시는 구역예배 일지라도 주세요. 거기엔 구역장들이 전할 하나님 말씀이 들어 있으니 혼자서라도 공부하려고 합니다." 나는 구역장이 아니지만 거기에 들어 있는 말씀을 알고 싶어서 구역예배 일지를 받아서 혼자 구역예배를 시작했다. 그 교회는 금요일 9시에 전 구역이 구역예배를 시작했기에, 나도 구역예배 책을 펴놓고 혼자 사도신경을 암송하고, 찬송하고, 기도하고, 말씀을 읽었다. 가만히 혼자서 기도회를 하다가 문득 생각이 들었다. '계속 이러면 구역 생활이 불가능하다. 내가 한 사람이라도 전도해야겠다.' 그때부터 온 아파트의 문을 다 두드리고 다녔다. 어떤 할머니는 문을 열었다가 "아, 나는 그런 신 안 믿겠다"라고 하면서 문을 탁 닫아 버렸다. 전도 대상으로 조선족을 찾아야 하는데 그곳에서는 조선족을 찾기가 힘들었다. 중국의 15억 인구 가운데 조선족은 극소수였다. 안타까운 심령으로 한 영혼이라도 만나게 해 달라고 기도하며 거리를 다녔다. 그렇게 석 달을 헤매고 다녔다.

당시 나는 사람들에게 함부로 말을 걸다가 신분이 드러날까 봐 불안한 상태였다. 중국 말이 서툴고 말투가 다르기 때문에 탈북자라는 것이 드러나 신고가 들어가면 즉시 잡혀서 북송될 수 있었기 때문이다. 탈북자가 신분도 없이 남의 나라에서 불법 체류하면서 전도하고 다닌다는 것은 목숨을 내놓은 것과 같았다. 누가 언제 신고할지 모르는 상황이었다. 그럼에도 전도에 힘쓴 것은 남편과 아들 때문이었다. 북송된 남편이 감옥에서 "예수를 믿은 것이 죄라면 죽여라"라고 항거하다가 결국 고문당해 죽음을 맞이하고, 아들 또한 북한에서 나오지 못한 상황을 생각하면 더 이상 내 목숨이 아깝지 않았다. 그때부터 지금까지 나는 자고 일어나면 바로 "하나님 감사합니다. 고맙습니다"라고 기도한다. 아브라함이 하나밖에 없는 아들을 기꺼이 바쳤던 것처럼 나 또한 하나님을 위해 바치라고 하면 내 몸도 기꺼이 바치겠다고 고백할 각오가 되어 있었다. 그래서 나는 목숨을 내어놓고 전도하러 다녔다.

그렇다고 집안일을 하지 않은 건 아니다. 둘째 딸과 사위가 일을 해야 했기에 외손자를 학교에 데려다 주는 일까지 도맡아 하며 전도하러 다녔다. 나는 둘째 딸에게 물었다. "전도하는데 조선족을 찾기가 힘들다. 조선족이 있는 곳 좀 알려 다오." 딸이 알려 주는 대로 역전에도 가 보고 여러 곳을 다녀도 조선족을 만나지 못했다. 나는 항상 마음 놓을 수 없어 도둑질한 사람처럼 눈치를 보면서 긴장한 상태로 다녀야만 했다. 누가 나를 주시하지 않는지 살피면서 말이다. 조선족을 찾기가 힘들었던 것은 한족이나 조선족, 심지어 탈북자까지도 중국 말을 했기 때문이었다.

그렇게 석 달여를 헤매던 어느 날 집에서 가까운 시장에 나갔을 때였다. 그곳에서 60대로 보이는 사람이 조선말을 하기에 얼른 다가가서 말을 걸었다. "조선족이십니까?" "네!"

"저도 여기 사는 조선족입니다. 다름이 아니라 저는 교회에 다니는데 같이 다닐 분을 찾습니다." "한국에 일하러 나갔을 때 교회에 다녀 봤는데 교회 규율을 지키기가 너무 힘들어서 그만두었습니다." "규율을 지키기가 힘들다고요? 전 교회 가면 시간이 너무 빨리 가던데요? 제가 이 근처에 사는데 같이 교회를 다니면 어떻겠습니까? 우리 교회 한번 와 봅시다." "아이고, 내 못 다녀요. 85세나 되는 어머니가 있는데 중풍으로 대소변을 가리지 못해 벽이나 온 데 똥칠을 하고 계셔서요. 내가 잠시 부식물 사러 왔다가 같은 조선족 친구 만나 조선말로 대화를 하는 겝니다." "그렇습니까? 하나님이 중풍병 환자를 고쳐 주셨는데요. 그 능력을 구하면서 열심히 믿으면 그 병은 완전히 나을 수 있습니다. 나하고 함께 다닙시다." "못 다닙니다. 지금 내가 집에 들어가면 집안에 온통 똥내 나고 소독해도 안 되고, 어머니가 침대에서 떨어지면 일어나지도 못하고 떨어진 상태로 계셔서 안 됩니다." "그러면 내가 그 집에 갑시다."

90일 만에 전도할 수 있는 조선족을 만나니 하늘나라로 가신 우리 어머니를 만난 것만큼 반가웠다. 그래서 그분을 놓치지 않으려고 했지만, 그분은 이미 믿지 않겠다고 결단한 것 같았다. 하지만 내가 계속 간절하게 권유하니 결국 이렇게 말했다. "내가 친구를 하나 소개해 주겠습니다." 그는 내게 이름과 전화번호를 알려 주었는데, 기억할 수가 없어서 상점에 들어가 볼펜을 빌려서 적었다.

나는 고맙다고 다섯 번이나 인사하고 나서야 그 사람과 헤어졌다. 건네받은 번호로 전화를 해서 찾아가 보았다. 그곳은 버스를 타고 한 정거장만 가면 되는 곳이었다. 도착해 보니 일반 가정집이 아니고 군인 가족들을 위한 아파트 단지였다. 입구에는 군인이 총을 메고 보초를 서고 있었다. 도둑이 제 발 저리다고 신분증이 없는 탈북자가 군인들 앞에 서니 불안하기 짝이 없었다. 그러나 마음을 굳게 먹고 보초 앞으로 천천히 조심스럽게 다가갔다. 그러자 보초가 신분증을 요구했다. 나는 신분증을 잃어버렸다고 급하게 말을 둘러댔다. 그러자 그들은 들여보내 주지 않고 그대로 정자세로 돌아가서 보초를 섰다. 나는 공중전화로 전화를 했다. 그러자 남자 한 명이 나오는 것이 보였다. '아, 남편 되는 분이구나'라고 생각을 하고 있는데 "누구십니까?"라고 내게 물었다. "저는 남금옥이 친구입니다. 좀 만나게 해 주세요." 그러자 그 남자는 "내가 남금옥이 남편입니다"라고 하면서 보초에게 친척이라고 하며 들여보내 주었다. 그렇게 해서 아파트 4층에 올라갔다.

남금옥 씨는 나와 같은 60대였고 배에 복수가 찬 환자였다. 나는 그들에게 30년 넘게 앓았던 간질병이 나은 이야기를 들려주며, 사람이 못 고치는 병도 예수님이 고쳐 주실 수 있음을 강조했다. 남편 되는 분은 내 말에 공감하며 "교회를 다녀서 아내의 병이 낫는다면 내가 믿게 하겠습니다"라고 대답했다. 그 순간 나는 안도의 숨을 쉬었다. 남금옥 씨의 몸이 좋지 않으니 내가 매주 금요일에 오겠다고 약속했다.

다음 주 금요일에 다시 그 집을 찾아갔다. 그런데 문제는 아파트 입구에 늘 서 있는 보초였다. 두 번까지는 남편이 나를 정문까지 데리러 나왔다. 하지만 그 이후에는 남편이 집에 없다고 했다. 남금옥 씨는 내게 아파트 동쪽 담장 밑에 작은 구멍이 하나 있다고 알려 주었다. 내가 탈북자라는 것을 말하지 않았지만, 그분은 벌써 내가 탈북자임을 알아채고 있었다. 교회에서도, 목사님께도 내가 탈북자라는 사실을 알리지 않았지만 이분에게는 어쩔 수 없이 내 신분을 밝혀야만 했다.

그 다음 주에 나는 구멍을 찾기 위해서 담장을 돌기 시작했다. 담장이 어찌나 긴지 한참을 돌았다. 그때 예전에 북송되어 북한 감옥에서 작은 철창 구멍으로 드나들었던 기억이 떠올랐다. '여기서 내가 또 이렇게 다녀야 되는구나.' 나는 아픈 마음이 들었다. 그러다가 구멍을 발견했는데 정말 작은 구멍이었다. 엉덩이가 걸려서 잘 들어가지도 않았다. 누군가 그 구멍으로 들어가는 것을 본다면 나는 무조건 잡힐 판이었다. 대낮에 병영 지역에서 정문을 통과하지 않고 구멍으로 몰래 들어가는 사람은 간첩 아니면 도둑일 게 뻔하지 않은가. 사람이 있는지 없는지 둘러보고 재빨리 구멍에 들어가기를 3년 동안 했다.

처음에 나는 남금옥 씨에 대해서 교회에 알리지 않았다. 그분이 진정으로 교회에 나갈지 아직 확신이 없었기 때문이었다. 그래서 처음에는 둘이서만 예배를 드렸다. 그는 열심히 믿었다. 내가 말씀을 전할 때 침대에 누운 채로 받아 적기까지 하면서 집중했고 찬송도 열심히 불렀다. 마침 그때가 교회에서 전도의 해로 정한 해였기에, 나는 전도가 무엇인지에 대해 그분에게 말씀드렸다. "남금옥 자매님도 교회에 다니지는 못해도 친척, 친지들은 있을 것입니다. 나도 전도하고 자매님도 전화로라도 전도합시다."

남금옥 자매는 큰딸의 시어머니를 인도해 왔다. 그래서 그 집에서 사돈끼리 만났다. 그분은 노래를 참 잘하는 분이었다. 목소리도 좋은데다가 찬송을 한 번만 불러 주면 다음 주에는 그 절반을 따라서 부를 정도로 빨리 배웠다. 그러다 보니 찬송에 재미를 붙여서 구역예배에 한 번도 빠지지 않았다. 이제 구역예배 인원이 세 명으로 늘었다. 나는 하나님께 한 영혼 한 영혼 채워 달라고, 이 구역을 사탄의 손에서 지켜 달라고 기도했다. 그런데 내가 갈 때마다 남금옥 자매에게 손을 얹고 기도하는 것을 보고는 그 남편이 감동을 받았다. 나는 기도할 때마다 눈물을 흘렸고, 남편은 자기 아내를 위해 올 때마다 눈물로 기도를 해 주는 모습에 감동을 받아, 집에 있는 금요일이면 구역예배에 함께했다. 남편 되시는 분에게 물었다. "아내가 병을 앓고 있고 하나님은 병을 고쳐 주시는 분인데 아내를 위해 믿음을 가져 볼 생각이 없습니까?" "아내의 병을 고친다면 믿어야죠." 8주 째가 되는 시점이었다. 이렇게 인원은 나를 포함해 네 명으로 늘어나 구역의 규정인 세 명을 넘게 되었다. 나는 계속 채워 달라고 기도했다. 네 명이 되었을 때, 내가 다니는 교회에 20년을 다니다가 천진에 있는 딸집에 4년간 가 있던 한현옥 자매가 다시 아들집으로 돌아오면서 우리 구역예배에 합류했다. 그분의 아들은 군부대 부대원으로서 남금옥 자매와 같은 아파트 3층에 살고 있었다. 석 달 만에 구역원이 다섯 명으로 불어났다.

나는 교회에 가서 구역을 총괄하시는 사모님과 목사님께 말씀을 드렸다. "우리 지역에 구역을 하나 세워 주세요. 다섯 명의 성도가 석 달 동안 예배를 드렸습니다. 이제 이분들이 교회를 나올 때가 되었으니 구역을 세워 주십시오."

그리하여 첫 번째 구역예배를 드리게 되었다. 나는 구역에 가서 말했다. "목사님이 구역예배를 드리러 여기에 오시는데 내가 식사를 준비하겠습니다." 그러자 남금옥 자매가 "근처에 식당을 하는 친구가 있는데 그곳에서 목사님을 모시고 식사를 대접하겠습니다." 그 말을 듣고 마음에 얼마나 감동이 되는지 하나님께 감사를 드렸다.

구역예배에 오신 목사님은 깜짝 놀라셨다. 평신도의 신분으로 교회 도움이나 전도지도 없이 그저 구역예배 일지 한 권을 가지고 이렇게 구역을 만들어 놓은 것에 대해 놀라시면서 함께 하나님께 감사를 드렸다. "성도님, 수고 많이 하셨습니다." 그때 목사님과 처음 악수를 나눴다. 그날 식사를 마치고 지역 이름을 따서 부룡초 구역이라고 이름을 지었다. 그리고 목사님이 교회에서 구역장은 이한나 성도라고 선포하셨다.

그 후 나는 60세에서 65세까지로 구성된 제2여선교회 서기와 회장을 맡았다. 38명의 성도를 섬겼지만 평신도로서 그 직분을 맡는 것이 힘들었다. 평신도라는 것 때문에 사람들의 뒷말이 많아서 더 힘들었다. 나는 목사님께 세 번이나 찾아가 요청했다. "목사님, 저는 능력이 없어서 못 하겠으니 다른 직분자에게 맡겨 주십시오. 직분 없이 하다 보니 마음에 상처를 받고 능력이 없어서 못하겠습니다." 그러자 목사님이 말씀하셨다. "이한나 성도님의 믿음이 직분에 있는 것이 아닙니다. 하나님이 이한나 성도님에게 주신 사명입니다. 못 하겠다 하면 하나님이 주신 사명을 거부하는 것입니다. 하나님은 감당 못할 사명을 안겨 주시지 않습니다." 목사님이 성경 말씀으로 답하시니 나는 더 이상 못하겠다는 말을 할 수 없었다.

여선교회, 구역장, 예배 안내, 성가대, 이 모든 것을 감당하려면 예배 두 시간 전에 미리 가서 준비해야 했다. 옷도 하루에 세 번을 갈아입었다. 하나님께서는 그렇게 나를 훈련시키셨다. 그때에는 하나님의 영광을 위해서라는 일념으로 정말 열심히 했다. 지금 되돌아보면 그때가 제일 즐겁고 행복한 시간이었다.

2년 후에 나는 집사 직분을 받게 되었다. 구역장을 할 때 직분이 없다고 얼마나 핍박을 받았는지 모른다. 그러나 나는 내가 오로지 하나님께 충성하고 하나님의 영광을 위해서 살면 하나님이 복 주실 것이라는 일념으로, 직분은 조금도 바라지 않고 교회를 섬겼다. 그런데 하나님께서는 내게 직분을 허락해 주셨다.

어느 날 김한순이라는 성도가 새신자로 들어왔다. 그분은 20년 전에 교회를 나간 적이 있는데 그때 받은 성경책을 가지고 교회에 나왔다. 그분은 두 시간이나 버스를 타고 나왔다. 나는 수없이 격려했다. "하나님이 김한순 성도님께 복 주시려고 20년이나 기다리셨습니다. 그러니 잘 믿으시길 바랍니다." 예수님이 어떤 분이고 하나님이 어떤 분이신지 말해 주었다. 또한 우리는 천국 가기 위해서 예수님을 믿을 뿐만 아니라 이 땅에서도 복을 받아야 한다고 하면서 복 받는 비결도 가르쳐 주었다. 구역예배에서 기도할 때 어떻게 기도할

지 모르겠다고 해서 먼저 하나님을 부르고, 기도 제목을 내놓고, 마지막에는 '예수님의 이름으로 기도합니다, 아멘' 하고 마쳐야 한다고 알려 주었다.

김한순 성도는 하나님을 믿은 후 2년 간 새벽 기도회에 빠지지 않고 십일조 생활도 하면서 예배에 참석했다. 어느 날 내가 예배 안내 봉사를 하고 있는데 그분이 기쁜 얼굴로 복도에서 달려왔다. "집사님, 제가 아파트 두 개나 당첨됐습니다." 재개발 지역에서 자기가 살고 있던 집 대신에 아파트 두 개를 받을 수 있는 권리를 받았다는 것이다. 집 하나는 외손녀와 같이 살고 다른 집 하나는 월세를 주어서 생활비로 쓸 수 있게 되었다. 그 말을 듣고 다 같이 "할렐루야" 하고 외쳤다. 내가 말했다. "제가 뭐라고 합디까? 하나님이 지난 20년 동안 불쌍하고 힘든 생활 속에서 사시는 것을 보시고 기다리다가 복을 주시고자 부르셨다고 하지 않았습니까?"

나는 그 지역에 새로 구역을 만들고 싶은 마음이 생겨서 그분에게 물었다. "그 주변에 친구가 없습니까?" "김성옥이라는 친구가 하나 있어요." "집이 멉니까?" "안 멀어요." "그러면 그분에게 권해서 같이 교회를 다니자고 해 보세요." "제가 벌써 말을 했는데 아프다고 하고 안 나오려고 해요." "아, 그래요? 그러면 나하고 같이 갑시다."

우리 집에서 세 시간이 넘게 걸리는 그곳을 수십 번 찾아갔다. 안 믿겠다고 하는 그분에게 간증을 들려주었다. 하늘의 왕이신 하나님의 음성이 실제 사람의 목소리처럼 내게 들렸던 일을 말해 주면서, 영이신 하나님은 눈에 보이지는 않아도 우리의 기도를 들어주신다고 간증했다. 그 집도 생활이 상당히 어려운 집이었다. 아들도 장애인이고 김성옥 씨 자신도 아픈 상태였다. 나는 중풍병도 고침받는 성경 이야기를 해 주면서 실제로 나도 간질병이 나음을 받았다고 간증했다. 그래도 그 사람은 들으려 하지 않았다.

그러던 어느 날 김성옥 씨가 김한순 성도와 함께 교회에 나왔다. 나는 달려가서 포옹해 주었다. 그분은 열심히 신앙생활을 시작했다. 이제 인원이 세 명으로 늘었기에 사모님께 찾아가서 말했다. "사모님, 이제 성도가 두 분이 생겨서 구역을 세워야 하는데 먼 거리에 있습니다." 그런데 보고를 한 후 한 달이 지나도 아무런 대답이 없었다. 그래서 사모님에게 다시 찾아가서 물어보니 구역장을 세울 사람이 없다는 것이었다. 그래서 나는 일꾼을 보내 달라고 기도했다. 두 달 후 우리 교회에 다니던 김현숙 집사님이 돌아가시고 그 딸이 신도시 개발 지역에 집을 사서 오게 되었다. 왕복 일곱 시간을 힘들게 다니면서 전도했던 지역에 구역장을 세워 달라는 기도를 들으신 하나님이 그 딸을 보내어 구역을 맡게 하고 남편은 권찰을 맡아 섬기게 하셨다. 그렇게 구역 두 개를 세울 수 있었다.

장춘교회에서는 수요일마다 구역장이 100명 가까이 모여서 전도지를 들고 나갔다. 탈북자인 나로서는 다시 잡혀갈 위험을 무릅쓴 전도였다.

딸들과 함께한 기도 응답의 체험

내가 시골에서 조선족 교회를 다닐 당시 큰딸은 나를 따라 교회를 다니면서 믿음을 갖게 되었다. 시댁에서는 비 오는 날 성경책을 밖에 내버리고 교회에 못 나가게 온갖 핍박을 다 했다. 이 바쁜 농사철에 교회 가서 하루 종일 있다가 오면 일은 누가 하느냐며 막았다. 큰딸은 그 어려운 환경 속에서도 믿음을 잃지 않기 위해 노력했다. 내가 장춘으로 떠난 뒤에도 1년에 서너 번은 시댁의 눈을 피해 몰래 교회를 나갔다.

한번은 큰딸 시댁에서 집들이를 한다고 하여 모처럼만에 큰딸을 보러 갔다. 밤이 되어 볼일을 보려고 깜깜한 밤에 바깥에 있는 재래식 변소 문을 열었더니 웬 커다란 것이 서 있어 깜짝 놀랐다. 너무 놀라서 "아이쿠" 하고 소리를 질렀더니 "조용히 하세요. 엄마, 저예요!" 하는 것이었다. 큰딸이었다.

"여긴 내가 몰래 기도하는 장소야. 그러니 놀라지 마." 시댁에서 신앙생활을 못하게 하고 기도도 못 하게 했기에 그 춥고 어두운 화장실에 숨어 하나님께 기도를 드리고 있었던 것이었다.

어느 날은 큰딸 집 부엌에서 마대 안에 성경책이 들어 있는 것을 발견했다. 나는 딸에게 물었다. "야, 어째서 성경책이 여기에 있니? 나는 성경책을 보든 안 보든 머리맡에 두어야 맘이 놓이는데 너는 어떻게 이 귀한 성경책을 이런 데 놔두었니? 이게 뭐니?" 그러자 딸이 대답했다. "엄마, 같이 사는 시어머니가 온 방을 다 뒤지는데 성경책을 감출 데가 없어서 거기에 감추었어요." 누가 볼까 봐 그 추운 날에 변소에 가서 벌벌 떨면서 몰래 기도하고, 성경책도 마음대로 보지 못하고 이렇게 숨겨 놓아야만 하는 현실. 이것이 북한 지하 교회의 모습이 아닌가라는 생각이 들어 눈에서 피눈물이 났다.

큰딸의 중국인 남편은 대놓고 "나는 너를 머슴으로 데려왔다"라고 말했다. 큰딸은 이루 말할 수 없는 멸시를 받았다. 딸이 번 돈도 다 빼앗겼다. 화장품은 물론이고 심지어 생리대도 제대로 못 사게 했다. 큰딸 손에 돈 자체를 쥐어 주지 않았다. 큰딸은 신앙생활을 하면서도 교회는 1년에 몇 번 나가지 못했다. 동네 사람들이 저 집 며느리가 예수쟁이가 되는 바람에 집안에 싸움이 많다고 흉을 봤기 때문이다. 그래서 딸은 신앙생활을 한 지 10년이 다 될 때까지 창세기도 한 번 읽지 못했다.

어느 날 딸이 만성 담낭병이 도져서 통증으로 땅바닥을 데굴데굴 구른 적이 있었다. 얼마나 아팠으면 엄살 없는 큰딸이 비명을 지르면서 배를 잡고 땅바닥을 굴렀겠는가. 그런데도 시어머니는 자기 아들에게 며느리를 데리고 병원으로 가라고 하기는커녕 마장(도박장)에 놀러 가라고 했다. 어처구니없게도 그 말에 사위는 진짜로 놀러 갔다. 집에서 기르던 개도 아프면 동물 병원에 데리고 가는 게 인지상정인데, 사람이 아파서 구르고 있는데 도박장이라니.

큰딸이 사위에게 당한 구타와 폭력은 차마 입에 담을 수 없을 정도였다. 내가 보는 앞에서도 딸을 때려서 3일 동안 제대로 일어나지 못한 적이 있었다. 그 가정을 위해 피땀 흘려 일하고 시어머니를 잘 모셨는데도 불구하고 큰딸에게 돌아오는 건 인간 이하의 취급이었다. 공부도 잘하고 효심도 깊어 온 동네에 소문이 날 정도로 칭찬받던 큰딸이 중국 땅에서 이런 고생을 하며 살았던 것이다.

큰딸 집에서 지내던 어느 날 돼지를 위해 기도해 달라는 부탁을 받았다. 100kg이 넘는 큰 돼지가 며칠째 물 조금밖에 먹지 않고 있었다. 나는 기도로 사람이 아닌 돼지를 고칠 수 있을지 자신이 생기지 않았지만, 그래도 마음을 다잡았다.

'하나님은 내 병도 고치시지 않았는가? 사람의 병을 고치신 하나님이 짐승의 병은 왜 못 고치시겠는가? 하나님은 고쳐 주실 수 있다. 내가 어떻게 기도하느냐에 달렸다.' 돼지는 사료도 못 먹고 물만 조금씩 마시면서 눈을 감고 드러누운 채 배를 오르락내리락하며 겨우 숨만 쉬고 있는 상태였다. 나는 한 달 간 하루 세 번씩 돼지 배에 손을 얹고 기도했다. 돼지는 점차 나아지기 시작했다.

예방주사도 소용 없이 마을에 전염병이 돌아서 돼지들이 모두 죽어 가고 있던 상황이었다. 집집마다 돼지를 두세 마리씩 키우고 있었는데 결국 동네 돼지 80마리가 몽땅 다 죽고 우리 딸네 돼지 한 마리만 살아남았다.

당시 사위는 맏딸이 교회에 다니는 것을 절대적으로 반대하고 있었다. 그래서 맏딸은 교회에 잘 가지 못했다. 다른 구실이라도 대고 갔다 오면 동네 사람이 보고 알려 주는 바람에 사위가 다그치고 싸움이 일어났던 것이다.

그런데 동네 돼지들이 다 죽은 상황에서 오직 우리 집 돼지만 살아남자 동네 사람들이 어떻게 된 일인지 알려고 몰려왔다. 그들 앞에서 딸이 간증했다. "하나님이 병을 고쳐 주셨습니다. 하나님은 사람의 병도 고치고 돼지 병도 고쳐 주십니다. 우리 엄마가 기도했습니다. 한 달 동안 기도해서 돼지를 살려 주셨습니다." 마을 사람들은 다들 놀라워했다.

이때부터 사위는 교회에 가는 것을 말리지 않았다. 오히려 시어머니까지도 주일이 되면 시간에 늦지 않게 가라며 교회 가는 것을 열렬히 지지했다. 기도로 돼지가 살아난 것을 보며 하나님의 능력이 어떤지 깨달았던 것 같다. 동네 돼지들이 모두 다 죽었는데 우리 집 돼지만 기도해서 하나님이 고쳐 주셨다고 하니 인정하지 않을 수 없었던 것이다.

그 후 나는 셋째 딸 집으로 갔는데, 하루는 맏사위가 돼지고기를 직접 들고 찾아왔다. 기도해서 살아난 돼지가 300kg 까지 크자 설 명절에 팔고 남은 고기였다. 그들은 하나님의 능력을 인정하게 되었다. 딸은 내가 떠난 후에도 사위에게 말했다고 한다. "저 돼지는 하나님이 살려 주신 것이다. 하나님의 능력인 것을 알아라. 하나님을 믿으면 바로 이렇게 된다. 그런데 너희들이 나를 사생결단하고 교회를 못 가게 했다." 사위는 찍소리도 못 했다고 한다. 그래서 사위가 직접 그 고기를 내게 가지고 온 것이었다. 이렇게 짐승의 병도 고치시는 하나님을 체험하게 되었다. 할렐루야!

나는 도시에서만 살아서 농사짓는 법을 모른다. 그런데 어느 날 셋째 딸이 종자에 약을 칠 것인데, 약을 친 종자를 심어 놓은 후에 3일 동안, 아무리 짧아도 24시간은 절대 비가 오면 안 된다고 했다. 그런데 집에서 약을 탄 후 기상예보를 들으니 바로 다음 날 비가 온다는 것이었다. 딸과 사위가 아침에 오토바이를 타고 종자를 심으러 나가면서 걱정하는 말을 들었다. 당시 말씀과 기도만이 살길인 줄 알고 살던 나는 아침 9시부터 밖에 나가서 눈을 뜨고 하늘을 보며 기도했다. 시커먼 구름이 밀려왔다가 나가기를 반복했다. 먹구름이 밀려올 때는 비가 뚝뚝 떨어지기도 했다. "하나님, 비가 내리지 않게 해 주세요. 지금 농부들이 종자를 심는 때인데 하나님 나라 양식 창고가 풍성해지도록 비를 멈추어 주세요." 그렇게 기도를 하는 동안 시커먼 구름이 몰려왔다가 다시 몰려가기를 반복했다. 나는 아침 9시부터 오후 5시까지 무려 여덟 시간 동안 팔을 내리지 않고 눈으로 구름 떼를 좇으며 기도했다. 기도에 집중할 때는 아픈 줄 몰랐는데 마치고 저녁이 되니 여기저기 아파 오기 시작했다. 목이 정말 아프고 팔과 손도 뻐근했다. 오후 5시가 되자 딸과 사위가 집에 돌아와서 걱정했다. 내일 오후 5시까지는 비가 오지 않아야 한다면서 말이다. "하나님, 24시간만이라도 비를 내려 주지 마옵소서." 나는 소리 높여 간절히 기도했다.

저녁에 다시 나가 보니 비가 오지 않았다. 한밤중에 다시 살펴보아도 비가 오지 않았다. 잠을 자고 아침에 깨어 보니 밤새도록 비가 오지 않았다. 놀라운 기적의 역사가 일어난 것이다. 그런데 오후 5시부터 비가 퍼붓듯이 쏟아지기 시작했

다. 정확히 24시간이 지난 시점에 마치 비가 참았다가 쏟아
붓는 것처럼 내리기 시작했다. 나는 너무나 기뻐서 비를 맞으
며 하나님께 눈물로 감사 기도를 드렸다. 비와 눈물이 막 뒤
섞여서 내 뺨에 흘러내렸다. 딸들은 우산을 가지고 와서 "엄
마, 감기 걸리겠어"라고 했지만 나는 "하나님께서 내 기도에
응답하셨는데 내가 감사의 기도를 드려야지"라고 대답했다.
사위는 아버지 때부터 시작해서 농사가 그렇게 잘된 때는 그
해가 처음이라고 했다.

죽음의 골짜기를 지나다

하나님의 응답에 감사하게 신앙생활을 해 나갔지
만 그래도 중국 생활이 너무나 고되어 견디기 힘든 때도 있
었다. 어려운 북한 생활에서도 좌절하지 않고 삶에 대한 강한
애착을 갖고 살아온 나였지만 연이은 고난은 삶에 대한 애착
을 잃어버린 채 절망의 낭떠러지에 서게 했다. 그러나 하나님
의 말씀은 내가 소망을 잃고 낙심할 때마다 새 힘을 얻고 다
시 살 소망을 갖게 하셨다. 깜깜한 밤에 이리저리 갈 길을 몰
라 헤매던 나를 예수 그리스도의 밝은 빛으로 인도해 주셨다.
큰딸, 둘째 딸과 다르게 셋째 딸은 중국 가정에 팔려 가지

않고 정식으로 결혼을 했다. 막내 사위는 시부모가 40년 동안 초가집에서 키운 아들 일곱, 딸 하나 중 막내아들이었다. 셋째 딸은 열아홉 살 어린 나이에 시집가서 시어머니를 6년간 모셨다. 아들을 하나 낳았지만 죽었고 9년 만에 둘째 아이를 낳게 되었다. 그때가 2010년 10월 26일, 내가 둘째 딸과 함께 장춘에 살 때였다.

셋째 딸은 담낭에 큰 수술을 받은 후 젖이 나오지 않아서 분유를 먹여 키워야 했다. 아기를 돌봐 주기 위해 나는 다시 길림성 시골로 갈 수밖에 없었다. 장춘교회를 떠날 때에 '지금 떠나면 언제 다시 올 수 있을까?' 십자가를 바라보면서 울었다. 교회를 떠날 때에 그동안 교회에서 많은 일을 했다고 목사님께서 송별회를 해 주셨다.

결혼 후 셋째 딸 집에 처음 가 보았을 때는 정말 눈물이 났다. 딸 부부는 비가 새는 초가집 지붕을 비닐로 덮어 놓고, 터가 낮아 방에 물이 새는 집에서 살았다. 열아홉 살밖에 안 되는 딸이 그런 집에 시집가서 중풍 걸린 시어머니의 대소변을 받아 내고 있었다. 그래도 북한에서는 김일성이 60년대까지 초가집을 다 없애라는 방침을 내렸기에 먹을 것이 없어 굶어 죽을지언정 집은 다 기와집이었다. 그런데 중국 시골에 가 보니 초가집이 즐비한 것을 보고 놀랐다. 저곳은 짐승을 기르는 곳인가 하는 생각이 들 정도였다.

어느 날 밤 잠을 자는데 초가집 한쪽이 무너졌다. 시부모들은 기와집에서 사는 큰아들네로 가서 살았다. 그러나 중국 아들들은 부모를 모시기 힘들어하여 다시 막내아들 집으로 되돌려 보냈다. 이런 상황에서 나까지 셋째 딸과 함께 지내기란 정말 가시방석 같았다. 차라리 내가 몸이 건강하여 일을 할 수 있으면 일터에서 잠을 자겠지만 그럴 수 없으니 가슴이 아팠다. 딸의 마음은 또 어떠했겠는가?

첫 번째 탈북 때는 중국에서 좋은 음식을 먹으니 건강이 금세 회복되었다. 식당에서 일하면서 돈도 벌 수 있었다. 하지만 두 번째 탈북 때는 감옥에서 당한 고문 후유증 때문인지 심장이 멎지 않는 것이 다행일 정도로 건강이 좋지 않았다. 뇌진탕 후유증과 불면증에도 시달렸다. 설상가상으로 맹장염에도 걸렸다. 맹장이 곪아 터져 복막염으로 악화되자 사위가 돈을 주어 간신히 수술을 할 수 있었다. 그런 몸으로 딸들 집에 간들 어느 사위가 나를 좋다고 하겠으며 어느 시댁이 나를 반겨 주겠는가?

"하나님, 이게 말이 되는 일입니까? 딸과 사위가 자는 방에 장모가 같이 누웠습니다. 내 삶을 개척해 주십시오." 아무리 말씀을 실천하려고 해도 할 수 없었다. 그때 하나님은 고난을 통해 연단하신다는 말씀을 주셨다. "교회도 없는 시골로 보내셔서 이렇게 나를 연단하시는구나." 나는 "하나님이 주신 연단을 이겨 내어 영원한 생명과 면류관을 받겠습니다"라고 기도하면서 그 고통을 견뎌 나갔다. 말씀을 통해 하나님이 나를 연단하시는 것을 깨달았고, 이겨 내기 위해 기도하면서 힘든 시간을 보냈다.

하지만 가는 데마다 자식들 마음고생만 시키는 나 자신이 갈수록 너무나 싫어졌다. 딸 둘도 중국에서 팔려 가 신분증이 없는 상태에서 겨우 살아가는데, 나까지 그 아이들의 도움을 받아야 하는 것이 너무나 괴로웠다. 딸네 집을 이리저리 옮겨 다니면서 시댁 눈치를 봐야 하는 처지도 처량했다. 딸들은 시부모도 거두어야 했기에 내게 생활비를 보태 줄 수 없었다. 급기야는 딸들이 중국에서 그나마 먹고사는 것을 보았으니 이제 나 하나만 없어지면 되겠다는 생각이 들었다. '너희를 다시 만나서 이렇게 마음껏 보았으니 하나님이 내 소원을 풀어 주셨다. 내가 차라리 없어지는 것이 너희에게 복을 주는 길이겠다.'

결국 나는 자살하기로 마음을 먹었다. 그러던 중 "하나님이 자기 형상 곧 하나님의 형상대로 사람을 창조하시되 남자와 여자를 창조하시고"(창 1:27)라는 말씀이 내 안에 들어오면서 내 생명이 내 것이 아니라 나를 창조하신 하나님의 것이라는 사실을 깨닫게 되었다. 나는 하나님께 허락을 받고 천국 가야겠다는 생각에 깊은 산속에 들어가 죽기를 작정하고 기도했다. "하나님, 하늘나라에 저를 받아 주세요. 이 험한 세상에서 더는 살 수 없습니다. 질병도 없고 걱정도 없고 죄도 없는 천국으로 나를 보내 주세요. 지금 이 시간 하늘나라 시민권을 내려 주시고 하늘나라에 들어가는 열쇠를 주세요." 이렇게 기도한 것은 죽으려고 해도 하나님이 허락해야 죽을 수 있다던 예전 어머니 말씀이 떠올랐기 때문이다. 나는 기도를 마치면 협곡의 경사진 곳에서 달려오는 자동차에 몸을 던지려고 했다. 죽으려고 결심한 사람이 무슨 기도를 제대로 했겠는가? 나는 혼이 빠져 미친 사람처럼 눈알이 돌아가고 제정신이 아니었다.

하나님께 자살을 허락을 해 달라고 기도하고 통곡하며 우는데 그 자리에서 하나님께서 응답의 말씀을 주셨다. "네가 오던 길을 되돌아가라!" 정말 세상에서는 조금도 더 살 수가 없는데 하나님은 다시 돌아가서 살라고 하시는 것이었다. "아이고, 하나님. 내가 세상이 힘들어서 죽으려고 왔는데 다시 세상으로 돌아가라니요? 나는 살고 싶지 않은데 왜 제게 더 살라고 하십니까?" 나는 소리 내어 울부짖었다. 그때 내 마음에 말씀이 들려왔다. "하나님께 순종하는 자에게는 천대 만대까지 복을 주고 불순종하는 자는 천대 만대 멸하시리라."

'내가 만약 자살해서 내 자식들이 천대 만대 멸하심을 받으면 어쩌나? 고난의 행군 속에서 어떻게 살려 낸 자식들인데,

내 자식들에게 죄를 짓는 죽음은 맞지 말아야겠구나.' 그때 자식은 하나님의 재산이니 잘 간수하라는 어머니의 유언도 떠올랐다. 그때처럼 하나님이 두려운 적이 없었다. 절망 속에서 눈물의 골짜기로 걸어가는 자를 구원하시는 하나님을 깨닫고 나는 다시 산을 내려왔다.

하나님이 주신 생명을 내 마음대로 끊으려고 했던 죄, 세상 고난을 하나님 말씀으로 이겨 내지 못하고 자살하려고 했던 죄를 회개하려고 교회에 가서 십자가 앞에 엎드렸다. 기도가 막혀서 나오지 않아 가슴을 쥐어뜯으며 몸부림쳤다. 네 시간 동안 찬송을 불렀다. 그 순간 마음의 문이 열리더니 기도가 터져 나왔다. 그로부터 8일 동안 밤낮으로 철야 기도를 하면서 시편과 욥기 말씀을 보았다. 하나님께 죄를 짓고 나니 심령이 몹시 불안하고 괴로웠다. 십자가 앞에 엎드렸지만 하나님께 지은 죄가 커서 죄책감이 사라지지 않았다. 하나님께서 내 죄를 용서해 주실 때까지 회개하고 기다렸다. 그런데 기도를 시작한 지 8일째 되는 날, 갑자기 머릿속에 새로운 정신이 들어오면서 이 세상이 줄 수 없는 한량없는 기쁨과 평안이 찾아왔다. 나는 너무 기뻐서 눈물을 흘리며 감사 기도를 하고 '할렐루야'를 외쳤다. 내 죄를 용서해 주시는 하나님이 진정 고맙고 감사했다.

한국으로 인도하시다

천신만고 끝에 하나님께 죄 사함을 받고 기쁜 마음으로 교회에서 집으로 돌아가려는 찰나 같은 교회의 서옥련 자매님을 만나게 되었다. "무슨 일이 있어서 이렇게 며칠씩 밤낮 교회에 와서 기도하나요?" "어려움이 너무 많아서 기도합니다." 그러자 그 자매님이 "한국으로 가세요!"라고 말했다. 나는 깜짝 놀라 물었다. "이렇게 늙은 사람도 한국으로 갈 수 있나요? 한국으로 가는 길이 그렇게 험하고 멀다는데요?" "갈 수 있어요, 늙은이도 가요. 내가 선을 대 줄 테니 가세요!"

회개 기도가 끝나고 집으로 돌아가기도 전에 하나님이 새로운 삶으로 인도하셨음을 깨달은 것은 그때로부터 1년이 지난 후였다. 하나님께서 나와 내 자녀들에게 한국으로 나오는 길을 열어 주신 것이다. 알고 보니 서옥련 자매의 며느리가 탈북자였다. "내 며느리가 탈북자인데 지금 한국 부산에 가 있습니다. 내년 6월에 아들과 가족을 데리러 옵니다. 그때 만나게 해 주겠습니다." 자매님의 말을 듣고 난 후부터 나는 한국으로 보내 달라고 하루도 빠짐없이 기도하기 시작했다. 그 기도는 1년이나 계속되었다.

1년 뒤 드디어 큰딸과 함께 서옥련 자매의 며느리를 교회에서 만났다. 먼저 그 며느리에게 물었다. "한국의 삶이 어떤 가요? 우리는 북한에서 중국으로 건너와 먹고살기는 하지만 자유가 전혀 없고 언제 어떻게 될지 모르는 생명의 위기 속에서 살고 있어요. 한국은 어떤 나라인가요?"

며느리는 한국 생활에 대해 말해 주었다. "한국은 자유롭고 깨끗하고 좋은 나라입니다. 일하면 노력의 대가를 주고, 신앙의 자유가 있고, 문화도 언어도 자유롭습니다." 나는 신앙의 자유, 문화의 자유가 있다는 말에 단번에 물었다. "그러면 어떻게 갈 수 있나요?"

그 며느리는 자신도 한국에서 신앙생활을 하고 있다고 했다. 그리고 부부가 회사 출퇴근용으로 자가용을 살 계획이라는 말도 했다. 북한에서는 고위급 간부들만 타는 자가용을 산다는 말에 나는 속으로 깜짝 놀랐다. 내가 다니던 중국 교회 목사님도 1,000명이 넘는 큰 교회를 맡고 계시지만 자가용 없이 버스를 타고 다녔다. 성도들 대부분이 대중교통을 이용했기 때문이었다. 교회에 자가용을 가지고 있는 사람은 다섯 명밖에 되지 않았다. 그런데 한국에서 탈북자가 자가용을 산다니. 놀랄 수밖에 없었다. 나는 그러한 사실이 잘 믿기지도 않고, 그 전에 북한에 살면서 남조선이 나쁘다는 이야기를 하도 많이 들었기 때문에 잘못하면 중국에서 사는 것보다 더 못한 삶을 살지 않을까 걱정도 되었다. 그래서 내가 한국에 대해 쏟아 놓은 여러 가지 질문에 그 며느리는 한국은 좋은 곳이라며 상세히 답해 주었다.

결국 우리는 한국행을 결심했다. 큰딸이 14년 동안 피눈물 나는 머슴살이를 한 것이 너무나 불쌍해서 우선 큰딸에게 먼저 한국에 가라고 했다. 그런데 큰딸이 안 가겠다고 하는 것이었다. "내가 이 집에 14년 동안 종살이하면서 흘린 땀과 내 아들은 어떻게 하고 간단 말입니까? 내가 그 집에서 인간 이하의 천대를 받으면서도 아들 하나 보고 안 나갔는데 어떻게 아들을 두고 가냐고요."

하지만 나는 끈질기게 설득했다. "이건 하나님의 응답이기 때문에 꼭 가야 한다. 순종해야 한다. 하나님이 가라고 하시면 가고 하라고 하시면 해야 해! 말씀과 기도와 순종이 내가 오늘날까지 살아온 힘이고, 또 자식들한테 이 믿음을 넘겨주고 가는 것이 내 인생의 목표야. 나는 다른 부모들처럼 집을 사 주거나 돈을 주고 갈 수는 없지만 믿음의 유산을 너희에게 넘겨주고 가겠다. 믿음의 유산이야말로 산보다도 높고 바다보다 넓은 하나님의 은혜야. 부모에게 몇 억 받는 것과 비교할 수가 없다. 너희가 믿음의 유산을 물려받을 때 하나님께 받는 복은 헤아릴 수 없어. 바다의 모래알보다 더 많은 복을 받을 거야." 큰딸은 여전히 가지 않겠다고 고집을 피웠다. 그래서 나는 한 달 동안 딸의 마음을 움직여 주시길 하나님께 기도했다.

얼마 지나지 않아 딸은 담대하게 한국으로 가겠다는 결심을 했다. 큰딸은 시집 식구들에게 말했다. "나는 중국에 살지만 국적이 없어서 계속해서 생명의 위협을 받고 있습니다. 국적 때문에 한국으로 가야겠습니다." 놀랍게도 시집에서는 말리지 않았다. 함께 산 14년과 아들을 봐서라도 가지 말라고 할 줄 알았는데 희한하게도 흔쾌히 승낙했다. 그러나 손자가 문제였다. 큰딸이 한국에 도착해서 중국의 아들과 통화하려고 했을 때, 아들은 엄마가 자기를 버리고 갔다는 데에 마음의 상처를 입어서 전화를 받지 않으려고 했다. 나는 손자의 상처 난 마음을 치유해 달라고 계속해서 간구했다. 기도의 응답으로 손자는 이제 마음을 열고 방학 때마다 한국을 오가고 있다.

큰딸이 한국으로 떠날 때 시집에서는 돈을 하나도 주지 않았다. 14년간 자기 몸도 돌보지 않고 집안을 일으켜 세우고 손자를 낳아 길렀던 며느리이자 아내이건만 수중에 돈 한 푼 쥐어 주지 않았던 것이다. 딸은 그간 사귄 동네 친구들에게 한국 가면 벌어서 갚겠다고 하면서 여비를 빌렸다. 나는 기도밖에 줄 수 있는 것이 없었다. "하나님! 딸이 중국에서 흘린 땀이 헛되지 않게 해 주시옵소서! 삶의 현장에서 풍성한 은혜로 채워 주시옵소서!" 또 나는 여비도 주지 않은 큰딸의 시어머니를 위해 지금까지 기도하고 있다. 악을 선으로 갚으라는 하나님의 말씀에 순종하면서 기도한다.

큰딸이 먼저 한국에 간 이후에는 둘째 딸이 나섰다. 둘째 딸은 열일곱 살 어린 나이에 인신매매로 팔려 가 열여덟 살에 아이를 낳았다. 시골에선 힘든 농사일을 감당하기 어려웠고 공안에 잡힐 위험이 많아서 도시로 이사를 갔으나, 신분증이 없어서 일자리를 구하기 힘들었다. 언제 어디서 북송될지 모르는 생명의 위기 속에서 살던 둘째 딸도 얼마 지나지 않아 한국으로 가게 되었다. 탈북자들은 한국행을 결심하면 대부분 살던 집에서 몰래 도망쳐 나와 국경을 넘어서야 전화로 알려 주는 경우가 대부분이었다. 하지만 나는 하나님께 우리 딸들이 시집의 허락을 받고 당당하게 나오게 해 달라고 기도했다. 감사하게도 큰딸과 둘째 딸 모두 시집의 허락을 받고 나왔다.

중국을 벗어나려면 버스를 타고 일주일이 넘도록 내륙을 거쳐야 하고, 휴게소에 도착할 때마다 신분증 검열을 받는다. 다행히 큰딸은 호구책(가족 관계 증명서)을 가지고 집을 떠날 수 있었다. 신분증이 없어도 신분증을 잃어버렸다고 하면서 호구책을 보여 주면 신분증의 역할을 대신할 수 있었다. 우리 딸을 좋게 보았던 조선족 파출소 공안이 출발하기 직전에 딸에게 호구책을 만들어다 주었다. 그 조선족 공안은 탈북자들을 관리하는 경찰이었지만 같은 민족이라고 딸을 선대해 주었던 것이다. 그분은 나중에 한국에 일하러 왔다가 딸의 집에서 함께 식사하며 즐거운 시간을 보내기도 했다.

버스로 지역을 하나하나 넘어갈 때마다 딸은 계속해서 내게 전화를 했다. 한 번씩 검열할 때에는 긴장감이 최고조에 달했다. 나는 하루에 열세 시간씩 기도했다. 집안일도 되도록 미루고 금식하며 기도에만 전념했다. 딸이 움직이는 날은 온 정신이 기도에만 쏠려, 고등어를 사러 갔다가 청어를 사 오기도 했다.

그런데 딸이 메콩강에 도달하자 전화가 끊어졌다. 나중에 들은 바에 의하면 어떻게 된 일인지 가로질러 가면 금방 건널 강을 길게 세로로 건너갔다고 한다. 문제는 물살이 세어서 쪽배가 거의 뒤집어질 정도로 흔들렸던 것이다. 딸은 살려 달라고 하나님께 목소리를 높여서 기도했다. 여러 명의 브로커들이 서로 연결해서 탈북자들을 인도했다. 탈북자들은 한 조에 예닐곱 명씩 움직였다. 좁은 오솔길을 따라 젊은 현지인의 오토바이를 타고 갔다. 좁은 절벽을 지날 때는 목숨을 걸어야 했다. 메콩강에는 특히 악어들이 많았다. 악어들은 주로 밤에 나오는데 여자의 생리혈 냄새만 맡으면 달려들어 먹잇감으로 삼았다. 한입에 사람을 삼킨 적도 있다고 하나원에서 듣기도 했다. 그래서인지 브로커는 배에 탄 여자 중에 생리하는 사람이 있는지 매번 확인했다.

큰딸이 이런 어려움을 먼저 겪었기 때문에 나와 셋째 딸이 탈북할 때 그 경험을 바탕 삼아 하나님께 기도했다. 검열 때 지켜 달라고, 메콩강을 건널 때에는 짧게 가로질러 가게 해 달라고, 밤에 악어가 나오니 낮에 건너가게 해 달라고 기도했다. 산에서 공안이 숨었다가 잡아가기도 하였기에 보호해 달라고 기도했다. 나는 딸들이 떠날 때마다 하루에 열세 시간씩 3일간을 금식 기도에 전념했다.

둘째 딸이 떠날 때는 청도에서 스물여덟 명의 탈북자를 색출해서 총살했다는 소식이 들린 직후였다. 먼저 떠난 열 명 조가 잡혔고 이후에 떠난 여섯 명 조도 잡혔지만, 딸이 속한 조만 잡히지 않았다.

셋째 딸은 두 살 난 어린 딸을 데리고 떠났다. 출산할 때 척추를 다쳐서 후유증을 겪고 있었지만 어린 아이라 업고 탈출해야 했다. 손녀는 멀미 때문에 토하고 먹지 못해서 자주 잠이 들곤 했다. 딸은 손녀에게 "말하지 말라, 울지 말라, 외할머니에게로 간다" 하면서 입을 틀어막을 수밖에 없었다. 감사하게도 손녀가 태국에 도착하자마자 생일을 맞이했다. 대부분 태국 경찰서에 와서 지내는데 셋째 딸과 손녀는 미국 선생님의 도움으로 경찰서가 아닌 호텔에서 생일을 보내게 되었다. 중국을 거쳐 오면서 겪은 온갖 힘든 과정으로 지칠 대로 지친 몸을 호텔에서 쉴 수 있게 해 주신 것이다. 나는 세상에서 나 혼자 하나님을 믿은 것처럼 감사를 드렸다. 큰딸과 둘째 딸이 몇 달 간격으로 나왔고, 그 후에는 나와 셋째 딸이 차례로 나오면서 1년 안에 우리는 모두 다 한국에 오게 되었다.

둘째 딸과 셋째 딸은 중국에서는 하나님을 믿지 않았지만 한국으로 오는 험한 과정을 거치면서 하나님을 믿게 되었고 지금까지 신앙생활을 잘하고 있다. 한국에 온 둘째 딸은 미용사 자격증과 네일아트 자격증을 취득한 후 국제미용대회에서 상을 두 번이나 수상했고 2017년 6월부터는 미용업을 시작하게 되었다. 일하면서 2023년 2월에 고등학교 검정고시에 합격하고 계명대학에 입학했다. 고난의 행군으로 어려운 생활 속에서 중학교 2학년 때 중퇴하고 생활 전선에 나섰던 둘째 딸이 뒤늦게 마흔두 살에 대학을 들어간 것이다. 북한에서는 컴퓨터를 구경해 보지도 못했던 둘째 딸이 한국에서는 컴퓨터 자격증을 땄다. 이 모든 것 가운데 우리 스스로 이룬 것은 하나도 없다.

큰딸과 둘째 딸이 차례로 한국으로 떠난 지 채 1년이 되지 못한 시점이었다. 교회에서 예배 중에 말씀을 듣는데 누가 자꾸 옆구리를 잡아당기면서 "한국으로 가라. 한국으로 가라. 왜 가지 않느냐"고 속삭이는 것이었다. 나는 누가 나를 잡아당기는 건지 싶어 옆을 둘러보았다. "아니, 성도님. 예배 도중에 왜 나를 자꾸 잡아당깁니까?" "아니, 나는 잡아당긴 적 없소. 목사님 말씀을 듣는데 내가 뭐 때문에 성도님을 잡아당기겠소."

나는 하나님께서 재촉하시는 음성임을 깨닫게 되었다. 하나님은 말씀하셨다. "빨리 가라. 네가 먼저 가야 하는데 왜 가지 않는가?" 나는 차마 셋째 딸을 두고 한국으로 떠날 수 없었다. 게다가 저 굶어 죽어 가는 아들을 북한에 둔 채 나 혼자 잘사는 나라에 갈 수 없어 차일피일 미루고 있었다. 당시 나는 북한에 있는 아들을 데리고 와서 같이 갈 생각을 하고 있었다. 내가 한국에 가 버리면 아들과 연락을 취할 길도 없고 영영 만날 수도 없을 것 같았기 때문이다. 그때는 종종 아들과 편지 왕래는 하고 있던 상황이었다. 하지만 하나님은 내게 빨리 가라고 재촉하셨다. 결국 나는 중국을 떠날 수밖에 없었다.

한국으로 떠나기로 결정하고 나는 어느 누구에게도 한국행에 대해 말하지 않았다. 기도 부탁도 할 수 없었다. 목사님께도 말씀드리지 않았다. 그 사실이 탄로 나면 바로 공안에 잡혀갈 상황이기 때문이었다. 그렇게 떠나기 전 마지막 주일을 앞두고 있었다. 그런데 목사님이 다음 주에는 위험하니 탈북자들은 나오지 말라고 해서 마음이 아팠다. 탈북 성도들은 교회에 나오지 않는 일들이 많이 있었다. 어떤 성도들은 6개월, 1년까지도 나오지 않았다. 하지만 나는 한 번도 빠지지 않고 예배드리기로 작정하고 교회를 나가고 있었다. 그래서 다음 주에도 목숨을 내놓겠다는 결심으로 교회에 나갔다. 한국으로 가는 것도 하나님이 절대 죽을 길로 보내시는 게 아니며 무사히 도착하게 하게 하실 것을 믿었기에 중국에서의 마지막 예배에 믿음으로 참석하기로 한 것이다.

그런데 예배당에 들어서는데 갑자기 성도들이 나를 향해 박수를 쳤다. 나는 무엇이 잘못되었나 싶어 내 옷매무새를 살펴보았다. 그때 목사님께서 나를 향해 앞으로 나오라고 말씀하셨다. 그러고는 성도들을 향해서 말씀하셨다. "지난주에 탈북 성도들은 위험하니 나오지 말라고 했는데 이한나 집사님은 이렇게 목숨을 걸고 나오셨습니다."

'나와야지요, 나와야지요. 내가 이 교회에서 드리는 마지막 예배인데요.' 속으로 말하는 내 눈에서 눈물이 쏟아지기 시작했다. 나는 40명 성도들 한 사람 한 사람을 다 끌어안고 포옹하며 눈물로 인사했다. "잘 믿읍시다, 복을 받읍시다."

나는 중국을 벗어나는 길에 계속해서 기도하며 움직였다. 버스를 타고 가다가 검열을 무사히 통과하면 안도의 숨을 쉬면서 하나님께 감사했다. 그런데 한번은 갑자기 공안이 버스에 올라오는 것이었다. 버스 기사가 신분증을 거두어서 공안에게 주었는데도 불구하고 공안이 올라와서 버스 통로로 걸어왔다. 그 버스 안에 노인은 나 하나였다. 공안이 눈으로 하나씩 살피는데 등에서 식은땀이 흘렀다. 얼굴이 경직되었지만 표내지 않으려고 노력했다. 한 명씩 살피면서 내 쪽으로 걸어오는데 속이 타는 심정으로 기도했다. 여기서 잡히면 끝장이라는 생각에 사생결단하는 심정으로 하나님께 기도했다. 그런데 내 쪽으로 오던 공안이 바로 내 뒤에 있는 태국인으로 보이는 여자를 잡아가는 것이었다. 그 여자를 조사하면서 20분이 지나고서야 여자를 다시 올려 보내고 버스가 출발했다. 그 20분이 마치 200시간처럼 길고 길었다. 그때 나는 '하나님이 가라고 하신 길을 가면 어떠한 일이 있어도 죽게 하지 않으신다. 위기의 순간은 있어도 죽지는 않는다'는 믿음으로 기도했다.

라오스를 건너갈 때 중국 가이드가 절벽 쪽에서 하룻밤을 묵고 가자고 했다. 다른 조에 속해 있던 여자의 네 살 난 아이 때문이었다. 절벽이 가파른 위험 지역으로 탈북자들을 안내하는 이유는 사람들의 눈을 피해 안전하게 가기 위함이었다. 내가 속한 조는 여섯 명이었는데 네 명이 젊은 아이들이었다. 일곱 살, 열세 살, 열아홉 살, 스물한 살 그리고 마흔일곱 살 된 여자가 책임자였다. 그런데 중국 말을 알아듣는 사람이 아무도 없었다. 나는 그 아이들에게 말했다. "지금 중국 안내원이 늙은 나하고 일곱 살 난 어린 아이가 있어서 비가 많이 오기 때문에 계속 갈 수가 없으니 여기서 묵고 가겠다고 합니다. 내가 하나님께 기도를 하겠습니다. 하나님께서 오늘밤에 가야 된다고 하면 가고, 가지 말라고 하면 못 갈 텐데 기도해 보겠습니다." 그러고는 하나님께 간절히 기도했다. 사실 나는 한 시간이라도 빨리 건너가고 싶은 마음에 하나님께 기도해서 응답을 받고자 했었다. 그런데 기도하는 중에 하나님은 내 마음에 여기에 이틀을 머물러도 좋다는 감동을 주셨다. 참으로 감사하고 놀라운 것은 하나님에 대해 들어 보지도 못했던 아이들이 내 말을 믿어 주었다는 것이다. 우리는 하나님의 응답대로 거기에서 이틀을 묵었다. 그런데도 우리는 잡히지 않았다.

다른 조에 있었던 스물세 살 청년은 "하나님은 무슨 하나님이냐? 나는 그런 거 안 믿는다. 여기에 오래 지체하면 안 된다"라고 말했다. 그렇게 내 말에 반대하던 청년도 나중에는 함께 그곳에서 지냈고 우리는 모두 무사히 이틀을 보냈다. 하나님의 응답은 명백했다. 라오스에 들어선 후에는 그 청년이 내 뒤에서 나를 도와주었다. 나는 이 젊은 청년이 있는 것만으로도 든든하다고 하나님께 감사드렸다. 큰 통나무가 내 앞을 가로막으면 그 청년이 옮겨 주었다. 내가 굴러 넘어지면 그 청년이 달려와서 부축해 주었다. 거기서 낙오자가 되면 짐승 밥이 되는 게 뻔한 일이었으나 하나님은 그 청년을 내게 붙여 주셔서 험한 라오스 산지를 무사히 넘어갈 수 있도록 인도해 주셨다.

다른 조에게는 가이드가 메콩강을 건너면 태국 경찰에 일부러 잡히라고 했다. 그런데 우리 조에게는 태국 경찰에 잡히지 말고 어떤 사람과 접선하라고 했다. 계속 기도하며 전화로 접선하여 만난 사람은 미국인이었다. 그분은 미국산 차를 몰고 와서 우리에게 타라고 했다. 영어를 전혀 못해서 어떡하나 걱정했지만 그 미국인은 한국말을 정말 잘했다. 그의 어머니가 한국 사람이었던 것이다. 그는 우리를 태국 호텔로 데리고 갔다. 그러고는 호텔에 돈을 지불하고 음식을 마음껏 먹으라고 했다. 라오스를 건너면서 너무나 피곤했는데 하나님은 미국 선생님을 통해 호텔에서 좋은 음식을 먹이시고 좋은 침대에서 편안히 쉬게 하시고 영양제까지 주셨다. 또한 중국 돈 2,000위안까지 주어서 깊은 사랑의 손길을 느끼게 해 주셨다. 호텔에서 나올 때에는 도시락, 온갖 종류의 세면도구, 생활용품까지 다 가방 하나에 담아 주면서 태국 경찰서로 우리를 인도해 주었다.

나는 예전부터 '미국은 철저한 원수다. 남조선은 침략자 미국을 등에 업은 괴뢰 집단이다'라는 말을 듣고 살았기에 미국에 악감정을 가지고 있었는데 이렇게 미국인의 섬김을 받고 보니, 내 조국 북한은 우리를 죽음의 길로 몰아갔지만 내가 만난 미국인은 우리를 살리려고 노력하고 있다는 사실을 깨닫게 되었다.

우리는 여러 군데 태국 수용소를 옮겨 가면서 지냈다. 마침 탈북자 청년 한 명이 중국에서 성경 교육을 받을 때 사용했던 성경책을 가져왔는데 그것을 내게 주었다. 나는 태국 수용소 안에서도 "구원의 문 열렸으니"와 같은 찬송을 크게 부르고 율동도 하면서 탈북자와 태국 경찰들을 위해 기도했다. 기독교 할머니가 무슨 기도냐고, 하나님이 어디 있느냐고 나를 핍박할 것을 각오하고 찬송을 부르며 그들을 위해 기도했다. 그들이 경찰서에 나올 때마다 한 사람 한 사람 위해서 기도했다. 낮에 해와 밤에 달같이 탈북자들의 앞길을 비추어 달라고 말이다. 의외로 태국 경찰들은 내가 기도해 주는 것을 반겼다. 도리어 내게 기도해 줘서 고맙다고 했다. 찬송을 불러도 아무런 제지를 하지 않았다. 믿지 않는 탈북자들도 내가 기도하면 "기독교 할마이, 기도해 주어 고맙습네다" 하고 반겨 주었다.

어느 날 태국 수용소에서 만난 북한 여자 한 명이 갑자기 쓰러졌다. 200명이 함께 모여 있는 상황에서 피를 토하며 쓰러져서 실려 나가는 것을 보았다. 나는 그 여자를 위해서 기도하기 위해 이름을 수소문했다. 중국으로 탈북한 여성들은 인신매매로 팔려 중국 남자와 결혼을 해야 그나마 생계를 유지하거나 북송되지 않기 때문에 억지로라도 결혼해야 했다. 나는 중국에서 열여섯 살짜리 북한 여자아이가 쉰 살 남자나 벙어리에게 팔려 가는 것을 보았다. 그 여자도 벙어리에게 팔려 가 10년 동안 벙어리처럼 말을 못하고 살았다고 한다. 나는 계속해서 그 여자를 위해서 기도했다. 그러나 한국에 입국할 때까지도 그녀를 만날 수 없었다. 그런데 내가 하나원에 머물 때 어떤 여자가 내게 다가와 다리를 잡고 막 우는 것이었다. "어째 그러나, 누구인가? 보자!" 했더니 자신이 바로 태국 수용소에서 실려 나간 여자라고 하는 것이었다. 나는 태국에서 그녀를 위해 부르짖으면서 기도했고, 그때 같이 있었던 사람들이 내 기도를 듣고 함께 울기도 했다. 그녀는 내가 그렇게 자신을 위해 기도했다는 사실을 전해 듣고 그 '기독교 할마이'가 하나원에 있다는 소식에 찾아온 것이었다. 그녀는 울면서 말했다. "내가 살아서 왔습니다. 어머니, 내가 왔어요." 나는 그녀에게 "여기를 나가면 하나님을 잘 믿고 사세요"라고 말해 주었다.

어느 날 대사관에서 수용소를 찾아와 명단을 불렀다. "이한나 씨, 이제 떠날 준비하세요"라는 말을 들었을 땐 너무나 기뼈서 큰 소리로 "네!" 하고 대답했다. 드디어 한국으로 가게 되었다는 기쁨으로 환호성을 질렀다. 한 명씩 이름을 부를 때 우리의 기쁨은 이루 말할 수가 없었다. 네 살 난 아이조차도 자기 이름을 부르면 큰 소리로 "대한민국, 만세!"를 외쳤다. 대사관 직원도 아이를 높이 안아 올리면서 함께 기뻐했다. 공항에서 비행기 탑승을 위해 줄을 서서 기다리는데 대사관 직원이 젊은이들의 빠른 걸음을 따라가지 못하는 나를 보고 휠체어를 가져다 태워 주었다. 비행기가 출발했지만 한국으로 간다고 하면서 북한의 공항으로 간 사건도 있었다고 들은 적이 있어 긴장을 놓을 수 없었다. 계속 기도하다가 비행기가 공항에 착륙할 때 제일 먼저 인천이라는 글이 있는지 찾아보았다. 인천 공항인 것을 확인하자 그제야 안도할 수 있었다.

4

결실의 땅

한국

국정원과 하나원에서

한국에 입국한 후 국정원에서 처음으로 대한민국의 "애국가"를 듣게 되었다. 나는 애국가 두 번째 가사에 "하나님이 보우하사"라는 구절에 큰 감동을 받았다. 대한민국이 하나님을 받들어 모시는 나라이기 때문에 세계 10위 안에 드는 경제력을 갖게 되었음을 깨달았다. 광야와 같은 중국 땅에서 언제 어떻게 북송될지 모르는 생명의 위협 속에 살던 나와 내 자녀들을 비롯해 35,000여 명의 탈북민을 가나안 땅과 같은 한국으로 보내 주신 주님께 감사를 드렸다.

생활 부총무의 소개로 국정원 공무원으로 일하시는 전도사님 한 분을 알게 되었고, 그분을 통해 국정원에서도 주일

예배를 드린다는 사실을 알게 되었다. 숙소 1층은 중국에서부터 전도사였던 분이 책임지고 숙소 2층은 내가 맡아서 예배 인도를 하게 되었다. 내가 맡았던 2층은 열다섯 명이 거주하고 있었다. 나는 탈북 과정에서도 기도하고 찬송하며 이동했고 태국에 와서도 큰 소리로 부르짖는 기도를 했다. 그러다 보니 국정원에서부터 하나원까지 사람들은 명찰에 이름이 있는데도 나를 '기독교 할머니'라고 불렀다.

국정원 생활을 마치고 하나원에 입소하게 되었다. 하나원에는 목회자와 교회 예배실이 있었기에 하나님께 뜨거운 감사를 드렸다. 하나원 생활을 하던 어느 날이었다. 한 할머니가 내 방을 찾아왔다. 이 할머니는 먼저 한국에 와 있는 딸을 따라 외손주와 함께 북한에서 탈북한 분이었다. 아홉 살 손주 용국이는 선천성 소아마비였다. 지능은 정상이었지만 걸을 때마다 팔다리가 비틀거렸다. 당시 우리 중에 몸이 아픈 사람이 있으면 서울에서 의사 선생님들이 방문하셔서 무료로 치료해 주었는데 용국이는 의사 선생님에게 보여도 아무런 치료책이 없었다. 용국이 할머니는 안타까운 심정으로 울면서 내게 기도해 달라고 부탁했다. 할머니는 북한에서 거동이 불편한 어린 손주를 데리고 탈북하다가 북송되었고, 풀려난 후에 또 다시 탈북하다가 중국 국경 경비대에 잡혔다고 한다. 말도 통하지 않고 수족도 쓰지 못하는 어린아이가 한국에 엄마를 꼭 만나러 가게 자신을 놓아 달라고 하면서 중국 경비대의 발목에 매달려 우니까 경비대원이 놓아주어서 이렇게 오게 되었다고 한다. 용국이가 치료되어 학교에 다닐 수 있게 기도해 달라고 울면서 부탁할 때 나도 할머니와 함께 울었다.

"용국이 할머니, 예수님은 죽은 자도 살리고, 죽을 자도 살리며, 앉은뱅이도 일으키시는 분이십니다. 북한에 있을 때 우리 어머니 기도를 들으신 예수님이 나의 간질병을 완전히 고쳐 주셨습니다. 열심히 기도할게요. 하늘의 하나님을 의지하고 믿는 할머니의 그 간절한 마음을 아시고 용국이를 꼭 고쳐 주실 것입니다. 예수님께서 꼭 용국이를 고쳐 주시기를 기도하겠습니다."

나는 새벽 기도회에 나가 열흘 동안 눈물을 쏟으며 기도했다. 어느 날 용국이 할머니가 내 방으로 달려왔다. 용국이를 본 의사들은 너무 막막하니까 고쳐 보겠다는 엄두도 못 내고 있던 차에, 의사 한 분이 서울로 데리고 가서 검사해서 의사들과 협의를 해 보겠다고 한 것이다. 그러면서 "기독교 할머니, 기도해 주셔서 감사합니다"라며 내게 엎드려 절까지 하시는 것이었다. 나는 하나님께 감사드리라고 말씀드렸다. 그리하여 용국이는 서울에 있는 병원에서 수술을 받게 되었다. 나는 수술하시는 의사 선생님들께 주님의 능력이 임하여 용국이가 온전히 걸을 수 있게 해 달라고 기도했다. 앉은뱅이도 일으키신 주님의 능력이 임하게 해 달라고 교회 십자가 앞에 가서 하루 다섯 번씩 눈물을 흘리며 기도했다.

그러다 2012년 11월 30일 나는 남들보다 한 달 일찍 하나원을 퇴소하게 되었다. 그 후 8년이 지나 용국이가 어떻게 되었는지 궁금했는데 용국이 할머니로부터 전화가 왔다. 용국이 할머니도 하나원을 퇴소하고 인천으로 가셨는데 지금까지 교회를 섬기며 열심히 신앙생활을 하신다고 했다. 그러면서 용국이가 걷는 모습을 동영상으로 보여 주었다. 용국이는 선천성 소아마비인데 온전히 걷고 있었다. 너무나도 믿기지 않아서 정말 용국이가 맞는지 물었더니 걷고 있는 앞모습과 뒷모습을 보여 주었다. 뜨거운 눈물을 흘리며 간절히 드린 나의 기도를 받아 주시고 용국이를 고쳐 주신 주님께 영원히 감사드린다.

고마운 이웃들

하나원에서 퇴소한 나는 대구 달서구에 집을 받았다. 한국 사회에 나와서 처음으로 시장에 생선을 사러 나갔는데 상인들은 내 말투를 듣고 북한에서 온 것을 금방 알았다. 생선 가게 아주머니는 "얼마나 고생하며 한국까지 오셨나?"

하시면서 생선 값을 받지 않으셨다. 너무 고마워서 눈물이 났다. 백화점에 있는 국수집 사장님도 식사 값을 받지 않으셨다. 이분은 TV에서 〈잘살아보세〉라는 방송을 보면서 북한 사람들이 많은 어려움을 겪고 한국까지 오는 것을 알게 되었다며 우리를 동정해 주셨다. 이외에도 정말 고마운 분들이 많았다.

처음 집을 받은 날, 문을 열고 들어서니 '오늘부터 여기가 나의 집이로구나'라는 생각에 울컥하여 기도했다. 새로 받은 집에 들어서니 '이제 집 없이 방랑하며 사는 생활은 끝이구나'라는 생각이 들었다. 비 오는 밤에 어린 아들딸과 함께 과수원 과일나무를 의지하여 비닐도 쓰지 못한 채 밤새도록 비를 맞으며 울던 날이 얼마였던가! 한국까지 와서 행복한 보금자리를 주신 주님께 눈물로 감사드렸다. 문을 열어 놓은 채 기도하고 일어서려는 순간, 옆집 할머니가 와서 "이 집에 오실 분인가?" 하고 물었다. 대화 중에 내가 북한에서 온 것을 알게 되자 새 이불과 베개를 가져다 주셨다. 너무도 고마워서 이불을 안고 막 울었다. 중국에서는 누려 보지 못한 한민족의 사랑을 한국에서 느꼈다.

이렇게 고마우신 분들 중에 구현우란 분이 있다. 나이는 50대 초반이고 택시 기사다. 나는 좀처럼 택시를 이용하지 않는다. 대신 교회에 예배드리러 갈 때나 북한 선교 기도 모임에 갈 때 시간에 늦지 않기 위해, 혹은 방향을 잘 모르는 곳에 갈 때를 대비해 택시 기사의 전화번호를 알아 두고 이용하곤 한다. 요금이 많이 나가기 때문에 사적 용무에는 택시를 이용하지 않았다. 그런데 이분은 10년 가까이 한 번도 내게 택시비를 받은 적이 없다. 우리 집에서 동대구역까지는 거리가 멀다. 서울에서 간증하기 위해 기차를 타러 가면 동대구까지 태워 주시고 끝마치고 새벽 1시가 다 되어 돌아오면 또 나를 데리러 동대구역까지 마중 오셨다. 내 생일이 되면 구현우 씨는 은행에서 20만 원을 새 돈으로 바꾸어 봉투에 넣어 주고 화분, 꽃바구니로 나를 축하해 주었다. 생일뿐만 아니라 추석, 설 명절에도 용돈을 보내 주었다. 자기 생활도 어려운데 섬겨 주시는 것이 북한에 있는 아들 대신 하나님이 보내 주셨다 여겨질 정도였다. 그는 앓고 있는 늙은 어머님을 모시고 아내도 없이 아들 둘을 키우며 살고 있었다. 큰아들이 일곱 살, 둘째 아들이 다섯 살 때 아내와 헤어졌다고 한다. 사업에 실패하고 빚을 지게 되자 아내가 어린 아이들을 두고 떠나 버린 것이다. 어머니와 둘이서 키운 자녀들이 이제는 어엿한 청년이 되었다. 아이들은 할머니 손에 자라면서 엄마 있는 애들을 그렇게 부러워했다고 한다. 구현우 씨는 북한에 아들을 홀로 남겨 두고 온 나의 이야기를 듣고 이렇게 고마운 마음을 베풀어 주었다. 그래서 나는 항상 그분과 그의 어머니에게 복 주시기를 주님께 기도하고 있다. 섬겨 주신 물질에도 손을 얹고 하나님께서 구현우 씨를 채워 주시기를 기도한다.

처음에 하나원을 퇴소하면서 한국 사람들과 어떻게 사귈지 고민했다. 내가 먼저 다가가야 한다는 생각에 동네 이웃들에게도 내가 먼저 인사하고 모여 있는 어르신들의 대화에도 끼어들곤 했다. 처음에는 내 말투 때문에 그분들이 잘 알아듣지 못했고, 나도 한국 사람들의 말을 잘 알아듣지 못해 소통에 문제가 있었지만 지금은 잘 알아듣고 있다.

나는 아파트 2층에 사는데 같은 층에 계신 분들에게 과일이나 간식, 반찬을 나누어 드리면 고맙다면서 나에게 맛있는 음식을 되돌려 주곤 했다. 나는 의도적으로 이웃들과 친해지기 위해 노력했다. 이렇게 세월이 흘렀고 이제는 서로 친숙해졌다. 지금은 나를 보면 먼저 인사해 주고 하루에 두 번을 봐도 반갑게 인사한다. 서로 대화하는 과정에 내가 아들을 북한에 두고 왔다는 것을 알게 된 분들이 가끔 질문한다. "아들 소식은 듣습니까?" 나의 아픈 마음을 함께 나누어 주시는 분들이 너무 감사하다. 고마운 분들에게 나는 이렇게 말씀드렸다. "북한에 남겨진 내 아들을 만나려면 통일이 되어야 합니다. 전쟁이 영원히 사라지고 평화가 이루어져서, 남과 북의 헤어진 가족들 간에 전화와 서신 교류가 이어지고, 경제 교류, 문화, 예술, 체육, 관광 교류가 이어지면서 평화 통일이 꼭 이루어져야 합니다."

한국에 와서 우리 한민족의 사랑을 뼈저리게 느꼈다. 중국에서 10년을 넘게 살아도 중국 사람들과는 친하게 지낼 수 없었다. 그들은 우리의 사정을 이해하지도 마음을 알아주지도 않았다. 우리의 내막을 알면 공안에 고발했다. 수십 년을 중국 땅에서 살면서도 북송될까 봐 한순간도 마음을 놓지 못하고 살았다.

나는 기나긴 세월을 외롭고 고독하게 살아왔다. 북한에서 고난의 행군으로 10년간 밤낮 장사하면서도 가족과 지내는 시간은 하루에 30분이 전부였고, 자식들과 하룻밤도 같이 자지 못했다. 그러나 중국으로 탈북해 교회에 나가면서 주님이 나의 좋은 친구 되어 주시면서 마침내 외로움은 사라지고 기쁨과 행복을 누리기 시작했다. 교회에서 예배드리며 말씀을 듣고 감사와 찬송으로 주님께 영광을 드렸고, 언어가 통하는 조선족 성도들과 마음을 나누었다. 교회와 주님을 떠나면 당장에라도 죽을 것 같았다. 물고기가 물을 떠나서 살 수 없듯이, 찬송하고 기도하지 않으면 하루도 살 수 없었다.

새벽별교회를 만나다

중국에서 한국에 나올 때 이단에 빠지지 않을까 걱정이 되어 하나님께 60일 동안 기도했다. "하나님, 한국에는 교회가 많다고 합니다. 나와 내 자녀들이 올바른 교회, 능력 있고 성품도 좋으신 목회자를 만나도록 인도하여 주시옵소서."

하나님께서는 하나원의 목사님을 통해 인도받으라는 응답을 주셨다. 나와 내 자녀들은 하나원 교회 목사님의 안내로 대구에 있는 새벽별교회에 나가게 되었다. 새벽별교회는 말씀의 능력과 선한 성품을 가지신 김재호 목사님이 목회하시는 교회로, 수레바퀴북한선교회를 세워 북한 선교에 힘쓰는 교회였다. 새벽별교회는 목회자와 성도가 하나 된 교회이자, 말씀이 살아 역사하는 교회, 하나님의 은혜와 사랑이 넘치는 교회였다. 김재호 목사님은 성경을 가르칠 때 말씀의 뿌리부터 드러내시기 때문에 이해가 잘되고 머릿속에 박혀서 잊히지 않았다. 김재호 목사님은 약 40년 목회 생활 중 35년간 북한 선교를 하신 분으로서, 쥬빌리통일구국기도회 대구지역 사무총장이며 수레바퀴북한선교회 대표시다. 교회의 목사님과 성도들은 우리 가족과 탈북민을 극진한 사랑과 섬김으로 품어 주셨다. 한국, 중국, 러시아에서 고통받는 탈북민에게 복음을 전하며 물심양면으로 도와주신다. 우리 가족을 이러한 교회로 인도해 주신 하나님께 감사드린다.

2015년 12월에 김재호 목사님은 '남과 북이 하나 되는 성탄의 밤'을 개최했다. 지금은 1년에 한 번씩 대구에 있는 여러 교회가 연합해 탈북민을 초청하는 큰 행사가 되었다. 세 딸과 손녀까지 온 가족이 제1회 행사에 율동과 찬송으로 주님께 영광을 드리는 기회를 가졌다. 이 행복과 기쁨을 주신 주님께 가족의 이름으로 진심으로 감사드렸다. 지금 우리 가족은 여덟 명 모두 대구에 살고 있다. 가족 모두가 하나님의 자녀가 되어 주님의 몸 된 교회를 섬기게 되었다.

가족 중에는 한국말 정착이 쉽지 않은 사람들도 있다. 외손자와 외손녀는 한국말을 잘하지만, 셋째 사위가 한국어를 80% 정도 하고 나는 북한 사투리를 쓰고 있다. 어떤 때는 외손녀가 내 말을 알아듣지 못하는 경우도 있다. 나아가 70이 다 되어서 한국에 오니 입에 밴 함경도 사투리가 잘 바뀌지 않는다. 그래도 우리 가족 모두는 믿음으로 한국에 정착하려고 노력한다.

우리는 목사님과 협력하여 남과 북이 하나 되는 통일 역사를 만들려고 노력한다. 우리 민족을 다시 회복시키고, 무너진 북한 교회를 세우고, 잃어버린 북한 백성을 찾고, 지하에서 숨죽이며 기도하는 하나님의 사람과 손잡고 예배드리는 놀라운 역사로 세계를 흔드는 영적 축복을 기대한다.

기도로 치유가 일어나다

고난의 행군과 감옥 생활로 악화된 건강은 탈북 후에도 몹시 큰 고통을 주었다. 중국에서 뇌진탕과 불면증, 척추 질환이 악화되었고, 맹장 수술까지 하게 되었다. 나중에 한국에 와서 대구의료원에서 검사할 때도 뇌수와 척추에서 북한에서 혹사당한 흔적을 발견할 수 있었다.

한국에 와서도 뇌진탕 후유증과 척추 질환으로 새벽별교회에 나가기 힘들었다. 교회 차를 운행했지만 오래 앉아 있거나 서 있을 수 없을 정도로 통증을 느꼈다. 교회에 차를 타고 다녀오면 뇌진탕 후유증으로 머리가 흔들려 한 주에 5일씩 토하며 식사를 할 수 없어서 두유나 영양제를 먹으며 가까스로 버텨 냈다. 셋째 딸 역시 열일곱 살 어린 나이에 북송될 때 발에 심한 동상이 걸린데다가 감옥에서도 많은 고문을 받아 나와 같은 척추 질환에 시달렸다. 하나님이 인도해 주신 교회를 못 나가서 안타까워 한 달 동안 울면서 기도하고, '정녕 신앙을 놓아야 하는가?' 하는 지점까지 도달하게 되었다. 심장이 멎지 않는 이상 절대로 주님과 이별할 수 없다고 결심하고, 어쩔 수 없이 걸어서 다닐 수 있는 가까운 교회를 선택했다.

집 근처 교회에 가서도 새벽별교회 목사님의 우렁찬 설교 소리가 들리는 것 같아 아무도 모르게 울었다. 중국에 있을 때 60일간 기도하면서 응답받고 가게 된 교회였기에 나는 새 벽별교회를 무척 사랑했다. 게다가 새로 옮긴 교회는 집에서 5분 거리의 가까운 교회였는데도 척추와 무릎 통증 때문에 걸어가는 데 한 시간이 걸렸다. 가는 도중에 통증이 느껴지면 손을 얹고 울면서 기도했다. 보통 5분이면 가는 거리를 예배가 시작하기 한 시간 전에 떠나도 제시간에 도착하기 어려웠다. 시계를 보니 예배 시간은 다가오는데 척추와 무릎이 아파 와 눈물이 펑펑 쏟아졌다. 길에서 엉엉 울면서 아픈 부위에 손 얹고 주님께 간절히 기도했다. 지나가는 사람들이 지나가다가 돌아보았다. 그때 다짐했다. '북한 감옥에서 고문받을 때보다 고통스러운가? 아니다. 기도는 나의 생명이며, 예배는 나의 삶의 전부다.' 마음속으로 외치며 굳게 다짐했다. 이후로도 아픈 고통이나 어려움이 있을 때면, 북한에서 겪었던 감옥 생활을 떠올리며 지금의 아픔과 어려움을 얼마든지 이길 수 있다고 다짐하며 힘을 얻는다.

그러다 '척추 협착증, 신경통, 척추 관절염, 무릎 관절염'의 진단명으로 시술을 받게 되었다. 원장님은 시술 후 7일 정도면 완치되는데, 그 후에 아프면 시술이 잘 안 된 것이라고 했다. 나는 10일 만에 퇴원했다. 그런데 퇴원 후 더 심한 통증을 느꼈다. 원장님은 대구에 외과 병원이 많으니 대구에서 치료받으라고 했지만 나는 어떤 병원도 가지 않았다. 시술한 것을 후회했고, 시장에서 계란 몇 알 들고 오지 못할 정도로 아픈 통증은 3개월이 지나도 심해지기만 했다. 이전보다 걷기 힘든 상태지만 교회에 나가겠다고 하니 큰딸은 택시를 불러서 동네 교회에 나를 내려다 주고 자기는 새벽별교회로 갔다. 나는 너무 아파서 앉았다 일어났다 하면서 예배를 드렸다. 다른 성도들에게 지장이 되기에 맨 뒤에 앉았다. 예배 중에 일어설 때마다 하나님께 죄송하고 송구스러웠고 성도들에게 미안했다. 교회 장로님이 집에 돌봐 줄 가족이 있느냐고 물으시면서 권사님을 도우미로 보내 주겠다고도 했다. 그러나 나는 거절하고 세상에서 고칠 수 없는 간질까지 고쳐 주신 주님의 능력을 믿으며 기도하기로 결심했다.

내 척추와 무릎에 손을 얹고 기도해 봤지만 아무런 차도가 없었다. '나의 믿음이 부족하구나'라고 생각했다. 주일을 보내고 다음 날 아침 9시에 두 손을 허리에 안수하고 기도하기 시작했다. 아픈 고통을 덜어 달라고 통곡하며 기도했다. 허리가 아프게 된 사연을 아뢰며 눈물, 콧물 흘려 가며 예수님의 능력을 믿고 기도드리니 이 손을 떼는 순간 깨끗이 고쳐 달라고 기도하고 눈을 떴다. 눈이 퉁퉁 부어서 잘 떠지지 않았다. 아침 9시에 시작하여 오후 5시까지 손을 떼지 않고 기도했는데 흐르는 눈물이 멈추지 않았다. 스스로도 이렇게 시간이 흘렀는지 몰랐다. 눈물로 기도하는 여덟 시간 동안 내 손이 한 번도 내려오지 않은 것이다. 그때부터 '믿음'이라는 두 글자가 내 마음의 중심을 지키기 시작했다. 그다음 주일에 교회를 갔는데 예배 시간에 한 번도 일어서지 않았다. 그 후 급속히 회복되어 비행기를 타고 영국과 아일랜드까지 가서 간증하고 올 정도로 좋아졌다. 딱딱한 곳에 1초도 앉지 못하던 내가 지금은 몇 시간씩 앉아도 아프지 않게 되었다. 지금은 주님이 주신 건강을 지킬 수 있도록 매일 운동하고 있다.

그렇게 동네 교회에서 3년 3개월 신앙생활 하는 동안 기도로 육신을 고침받은 후 다시 새벽별교회로 보내 달라고 간절히 기도했다. 2017년 12월 21일 저녁 9시 기도 시간에 '네 사명 있는 곳으로 가라'는 응답을 받았다. 그리하여 2018년 1월 5일 북한 선교를 하는 새벽별교회로 다시 오게 되었다.

한번은 아파트 앞 시장을 지나 옷 수선 가게에 가던 때였다. 갑자기 요란한 소리가 들렸다. 뒤를 돌아보니 고등학생이 자전거를 타고 오다가 과일을 안고 가는 상인을 친 것이다. 상인은 길바닥에 심하게 넘어져 머리에 피가 흐르고 있었고 고등학생도 정신이 혼미해 쓰러져 있었다. 처음에는 그것을 보고도 그냥 지나가려고 했다. 그런데 한 걸음도 나가지 못하고 자꾸 발을 잡아당기는 느낌이 들었다. '이상하다. 이건 하나님께서 저들에게 기도해 주라고 하시는 거구나'라는 생각에 걸음을 되돌려 그들에게 갔다. 버스에서 내린 사람, 장 보러 오던 사람, 주변의 학생 등 벌써 많은 사람들이 넘어진 사람들 주위를 둘러싸고 있었다. 나는 그 무리를 뚫고 넘어진 사람들에게 갔다. 나는 상인의 머리에 손을 얹고 기도했다. 그러고는 마지막에 큰 소리로 "예수 그리스도의 이름으로 기도합니다. 아멘!" 하고 외쳤다. 그 자리에 있는 많은 사람들이 듣고 치유하시는 하나님의 능력을 깨닫기를 바라는 심정으로 기도했던 것이다. 그런데 갑자기 어떤 여자가 내게 다가와 "왜 남의 남편의 머리에 함부로 손을 얹느냐"고 소리쳤다. 그러자 그곳에 있던 사람들의 시선이 모두 내게로 몰렸다. 그분은 계속 나를 몰아세우면서 망신 주기 시작했다. 세상에 태어나서 이런 망신을 당해 본 적이 없다는 생각에 내 눈에서 눈물이 흐르기 시작했다. 나는 '하나님은 아시죠?' 기도하면서, 사람을 고치고자 하시는 하나님의 음성에 순종했다는 기쁨의 마음을 가지고 가던 길로 갔다.

2021년 10월 초 하루는 내가 사는 아파트에서 어떤 분이 내게 다가와 말을 건넸다. 5년 전 월촌 공원에서 다른 사람들에게 간증하는 것을 곁에서 듣고 은혜를 받아 잊히지 않았는데 오늘 우연히 만나서 반갑다면서 나를 끌어안았다. 공원에서 9년 동안 수많은 사람에게 북한 생활과 실상을 간증했기에 다 기억할 수 없었는데 이분은 나를 기억하고 있었다. 월배중앙교회 손명숙 집사님이셨다. 나를 만나자마자 바지를 걷어 올리며 양쪽 종아리를 보여 주었는데, 무릎 아래 양쪽 종아리가 손바닥만 하게 벌겋게 되어 있었다. 뼛속이 칼로 찢듯이 아파서 고통스러워 병원에 가야 하는데 일 때문에 못 가고 있다고 했다. 바지를 걷어 올린 채 나만 빤히 쳐다보는 손명숙 집사님을 그냥 지나칠 수 없었다. 그 순간 앉은뱅이를 서게 하신 예수님에 대한 말씀이 생각났다.

이미 척추 협착증과 척추 관절염의 고통에서 회복되는 은혜를 경험한 나로서는 고통스러워하는 집사님의 모습을 지나칠 수 없었다. 그분의 종아리에 손을 얹고 주님의 능력을 구하며 기도했다. "주님, 손명숙 집사님의 아픈 다리를 빨리 고쳐 주세요." 나의 무릎 관절과 척추를 고쳐 주신 것처럼 집사님의 다리 통증을 고쳐 주시도록 간절히 눈물 흘리며 기도했다. 내 손을 떼는 순간에 급속히 고쳐 달라고 애원하면서 볼에 흐르는 눈물을 닦았다. 그렇게 기도하고 손을 떼었는데, 집사님의 다리에 벌겋던 부분이 사라지면서 뼛속까지 아팠던 종아리에 시원한 것이 내려온다고 했다. 집사님은 "이상하다, 이상하다" 하면서 집으로 갔다. 하나님이 나의 눈물의 기도를 받으시고 구한 그대로 손을 떼는 순간에 즉시 고쳐 주신 것이다. 집에 도착하니 전화가 왔다. 방금까지도 아팠는데 조금도 아프지 않다는 것이다. "야, 이게 웬일이야!" 그분은 주님의 능력이 크신 것을 깨달았다고 했다. 죽을 자도 살리시고, 죽은 자도 살리시며, 소경도 눈 뜨게 하시고, 앉은뱅이도 일어서게 하신 예수님의 능력은 이 세상에 그 누구도 당할 자가 없다.

사흘 후에 우연히 집사님을 또 만났다. 집사님이 마스크를 벗고 얼굴을 보여 주었는데, 얼굴 오른쪽에 풍이 와서 부었고 입이 삐뚤어져서 침을 질질 흘리고 있었다. 사흘 전 얼굴을 찾아볼 수 없었다. "이걸 어쩌나?" 하며 집사님을 끌어안고 울었다. 집사님은 눈물을 닦으며 "내 나이 70에 일하러 다니는데 이 꼬라지로 어떻게 하냐?"며 주님께 기도해 달라고 부탁했다. 나 역시 마음이 아파서 함께 울면서 예수님의 크신 능력을 구하며 집사님의 오른쪽 얼굴에 손을 얹고 기도했다. "주님, 나의 간질병을 고쳐 주신 주님, 중풍병 환자를 고쳐 주신 주님, 이 시각 손명숙 집사님의 풍을 고쳐 주세요"라고 진심을 담아 눈물을 흘리며 간절히 기도했다. 그 후로 매일 집사님의 풍을 위해 내 오른쪽 얼굴에 대신 손을 얹으며 기도했다. 설거지하면서, 집 청소를 하면서, 걷기 운동하면서, 월촌 공원을 오가면서, 대로를 걸으면서, 화장대에 앉아서도, 심지어 샤워하면서도, 잠을 자기 전까지 기도의 손을 내 얼굴에서 내리지 않았다. 집에서 교회까지 대중교통으로 약 한 시간이 걸리는데, 버스에서 기도하다가 내릴 곳을 지나친 적도 있었다. 기도와 묵상을 하는데는 시간과 장소를 가리지 않았다. 그러던 7일 째, 손 집사님에게서 전화가 왔다. 풍이 나아 정상으로 돌아왔다는 것이다. 그 말을 듣고 눈물이 왈칵 쏟아졌다. 집사님의 고통을 빨리 덜어 달라는 기도를 주님이 받아 주셨다는 생각에 너무도 감사했다. 예수님의 능력은 크시다. 예수님의 크신 능력은 이 세상에서 그 누구도 당할 자가 없다. 야고보서 5장 15절에 "믿음의 기도는 병든 자를 구원하리니 주께서 그를 일으키시리라 혹시 죄를 범하였을지라도 사하심을 받으리라"라고 말씀하신다. 기도가 우리의 생명이며, 예배가 우리 삶의 전부임을 다시 한 번 깨달으며 주님께 무한한 감사를 올려 드린다.

전도에 힘쓰다

중국에서는 전도하려고 해도 공안에 체포될까 두

려웠다. 한국에 와서는 생활의 자유, 신앙의 자유가 있는 것이 제일 행복했다. 하나님의 은혜를 많이 받고 감사하여 무엇으로 조금이라도 보답할까, 무엇으로 하나님을 기쁘게 해 드릴까 생각하던 끝에 하나님은 영혼 구원을 제일 기뻐하신다는 목사님 말씀이 떠올랐다. 그날부터 전도하기로 결심했다. 교회 전도지를 들고 새벽별교회에서 가까운 명덕역 5번 출구 앞에 섰다. 34도가 넘는 기온이라 콘크리트 바닥이 달아올라 무척 더웠지만 나는 한 영혼이라도 구원하려는 마음을 품고 전도에 나섰다.

30대 후반쯤 되어 보이는 남자가 슬리퍼를 끌며 여유롭게 걸어오고 있었다. 그에게 다가가 전도지를 주면서 말했다. "예수 믿고 구원받으세요." 그는 전도지를 받아 쥐고 쉽게 자리를 떠나지 않더니 물어 왔다. "예수 믿으면 아이를 가질 수 있을까요?" "네, 진심으로 예수 믿으면 아이를 낳을 수 있습니다." 나는 확신을 갖고 말했다. 그 남자는 말했다. "내가 결혼한 지 3년이 지났는데 아이가 없어요. 나는 아이를 간절히 바랍니다." 그의 말에 나는 그의 허리를 끌어안고 울었다. "아저씨, 우리 어머니가 결혼 후 8년이 돼도 아이가 없었는데 하나님을 믿고 나를 낳았어요. 내 딸도 결혼 후 9년이 지나도 애가 생기지 않았는데 내가 하나님께 기도해서 임신이 되었어요."

나는 길가에서 간증했고, 그분이 아이를 갖도록 기도한 후 보냈다. "아저씨, 이 전도지를 버리지 말고 전도지에 적혀 있는 하나님 말씀을 매일 세 번씩 읽으세요. 이 할머니의 간증을 잊지 말고 교회에 나오셔서 기도하고 진심으로 하나님을 믿으세요." "감사합니다. 할머니 말씀 명심하겠습니다." 그는 사거리를 건너가서도 내게 손을 흔들어 주었다. 저녁에 전도를 마치고 집에 돌아오니 그 아저씨의 이름과 전화번호를 나누지 못하고 헤어진 것이 아쉬웠다. 이름을 몰라도 중보자 얼굴을 알면 떠올리며 기도하면 된다던 중국 교회 목사님 말씀이 떠올랐다. 아이를 갖기를 간절히 바라는 그 한 영혼을 위해 3년을 하루도 빠짐없이 기도하고 있다.

하루는 전도하는데 어떤 할아버지가 지팡이를 짚고 절뚝거리며 걸어오고 있었다. 나는 "예수 믿고 구원 받으시라"고 전도지를 내밀었다. 그 할아버지는 다리가 아파서 좀 쉬어 가겠다고 지하철 출구 계단에 털썩 주저앉았다. 다리가 아픈 할아버지를 보며 내 마음이 안타까웠다. 나는 할아버지에게 내 이야기를 해 주었다. "저도 무릎 관절염이 심해서 여러 가지 많은 치료를 4년이나 받았는데도 회복되지 않고 수술까지 해야 된다고 했습니다." 수술해도 호전되지 않자 아픈 무릎에 손을 얹고 하루에도 몇 번씩 기도하며 3년간을 기도했는데 예수님의 능력으로 고침을 받고 완전히 회복되었다는 이야기를 해 주었다. 나는 지하철역 출구 앞에서 예수님의 능력으로 할아버지의 무릎 관절을 고쳐 달라고 기도했다. 할아버지는 내게 고맙다고 인사했다. 그때 나는 전도지를 주면서 꼭 교회에 나가서 예수님의 능력으로 고침받으라고 권면했다.

또 하루는 영상 38도의 무더운 2018년 여름이었다. 너무 더워 밖에 서 있을 수 없어서 지하철 안에 들어가서 전도했다. 여고생이 다가오기에 전도지를 주었다. 여고생은 "나는 믿습니다"라고 하면서 전도지를 받지 않았는데, 학생 얼굴에 걱정 근심이 서려 있었다. 그 여고생은 "나는 하나님을 믿는데 어머니, 아버지가 믿지 않아서 안타깝다"고 말했다. 이 전도지를 갖다 드리라고 하니 다니는 교회 전도지를 갖다 드려도 어머니, 아버지가 교회에 나오지 않는다고 안타까움을 호소했다. 나는 어머니와 아버지를 위해 기도를 많이 하라고 권면했고 학생은 교통 카드를 찍고 들어갔다. 전도를 마치고 집에 들어오니 그 여고생의 울먹이는 모습이 자꾸만 떠올랐다. 그때부터 오늘까지 그 부모가 교회에 나오기를 기도하고 있다.

어느 날 계획한 만큼 전도지를 다 나누지 못해 비 오는 밤에 우산을 쓰고 전도했다. 어떤 분에게 전도지를 주자 "나는 권사입니다"라고 말하며 지하철 계단으로 내려가면서 비 오는 밤에도 전도한다면서 "복 많이 받겠다"고 하셨다. 나는 복 받자고 전도하는 게 아니라 이미 복을 많이 받았기에 감사해서 하나님이 기뻐하시는 전도를 하는 거라고 말했다. 권사님은 저 멀리까지 손을 흔들어 주며 피곤한 나에게 힘을 주었다.

나는 전도하면서 교회의 빈자리가 채워지기를 간절히 바랐다. 힘들고 피곤했고 성과가 없어서 교회에 부끄럽고 안타까웠다. 몸도 마음도 지친 어느 날, 갑자기 말씀이 떠올랐다. "또 이르시되 하나님의 나라는 사람이 씨를 땅에 뿌림과 같으니"(막 4:26). 목사님께서 하신 말씀도 떠올랐다. "우리가 씨를 뿌리면 때에 따라 단비를 내리시고 태양을 비추어서 열매를 맺게 하시는 분은 하나님입니다." 그 말씀에 다시 힘을 얻고 전도했다.

중국에서 신앙생활을 시작할 때 예배를 마치고 교회를 나서면 말씀 몇 가지만 떠오르고 잊어버리는 것이 너무 안타까웠다. 그때부터 예배 때 노트를 가지고 다니면서 말씀을 기록하기 시작했다. 10년을 훌쩍 넘는 세월 동안 적은 말씀 노트가 일곱 권이다. 내가 세상 떠날 때 돈보다 귀하게 남길 것이 복음 말씀을 적은 이 책이다. 천국 갈 때까지 말씀을 새기고 실천하려고 노력한다. 이 노트를 내 자녀들에게 믿음의 유산으로 남겨 주고 갈 것이다.

내 어머니에게 이 딸을 안겨 주신 주님! 내 생명을 주신 분! 나는 예수님을 영접한 이후 23년 동안 한순간도 고맙고 감사한 마음을 잊어 본 적이 없다. 시간이 가고 세월이 흐를수록 주님께 감사한 마음이 더해 간다. "늙을 때에 나를 버리지 마시며 내 힘이 쇠약할 때에 나를 떠나지 마소서"라는 시편 71편 9절의 말씀을 하루에도 몇 번씩 외우며 나를 사용해 달라고 눈물 흘리며 10년을 기도했다. 사마리아와 땅 끝까지 복음을 전하며 주님의 능력을 선포하고 주님의 영광을 위하여 살겠다는 간절한 마음을 담아 기도해 왔다.

북한에 있는 아들과 연락되다

한국에 온 후 아들을 위한 기도를 멈추지 않았다. 다른 탈북민들은 북한에 있는 가족들에게 돈을 보내면서 전화 통화도 하고 안부를 묻기도 한다는데 나는 한 번도 아들 소식을 알 수가 없었다. 한국에 와서 탈북자를 섬기는 수레바퀴북한선교회에서 2년이 넘도록 함께 기도했다. 그러던 중 2014년에 드디어 북한에 있는 아들과 통화를 하여 목소리를 들을 수 있었고, 또 아들에게 돈을 보낼 수 있는 기적적인 일이 일어났다. 한국 교회가 합심으로 기도한 응답으로 하나님이 기적을 일으켜 주신 것이다.

처음 전화할 때는 내 아들이 아니라고 의심했다. 열네 살때 헤어져 서른 살이 다 되어서 목소리를 들으니 다른 사람같은 생각이 들었던 것이다. "너는 내 아들이 아니다. 내가 너를 확인하겠다" 말하니 아들은 "엄마 아들이 맞아요" 하면서 어릴 때의 추억과 살았던 동네를 말했다. 브로커들이 돈을 받아먹고 다른 사람을 데려다가 속이는지 알 수 없었던 나는 재차 확인을 하고자 했다. "네가 내 아들이면 북한에서 살 때 제일 기억나는 일이 무엇인지 말해 보라." 아들은 눈물을 흘리며 말했다. "엄마가 홍은이라는 곳에 장사하러 가서 철교에서 떨어져 기차에 다리가 끼어서 사망했다는 소식을 들었을 때, 엄마가 죽으면 이제 나는 어떻게 살겠는가 하고 울었던 기억이 있어요."

그 말에 내 아들임을 확인한 나는 수화기가 깨져라 큰 소리로 울었다. 살아 있으면서도 휴전선에 막혀 서로의 생사를 확인할 수 없었는데 13년 만에 아들 목소리를 듣게 된 것이다. 너무나 고맙고 감사했다. 그 후로 나는 아들과 연락하고 돈을 보내 주며 도움을 줄 수 있게 되었다.

그런데 그 후 아들이 보위부 감시를 받게 되면서 모든 연락이 갑자기 끊어졌다. 체포당하지는 않았는지 살아 있는지 알고 싶어 눈물로 기도하며 하루하루를 보냈다. "주님, 아들의 생명과 인생을 하나님께 맡기며 기도합니다." 교회에 나가서 하염없이 흘러내리는 눈물을 십자가 앞에 뿌리며 하나님께 맡긴 아들을 살려 달라고 기도했다. 남편은 하늘나라로 갔지만 아들만큼은 믿음의 씨앗으로 그 땅에 남겨 주실 것을 주님께 간구했다. 아들이 살아 있다면 결혼해서 행복한 가정을 꾸리게 해 달라고 기도했다. 나도 고난의 행군 중에 가족이 있었기에 힘을 얻고 이겨 냈다. 가족이란 그렇게 귀중한 것이다.

그러던 중 2022년 11월에 드디어 아들이 살아 있다는 소식을 듣게 되었고 전화로 아들 목소리를 들을 수 있었다. 8년 만이었다. 나는 목이 메어 말을 못했다. 더욱 반가운 소식은 아들이 5년 전에 결혼했다는 것이었다. 주님께서 내 기도를 들어주신 것이다. 아들은 돈도 집도 없고 몸도 쇠약하여 도저히 결혼할 수 없는 상황이었다. 하나님께 감사의 눈물을 펑펑 흘렸다. 교회 성도들과 수레바퀴선교회 중보 기도자들은 100주 동안 기도해 주셨다. 간절하고 진심 어린 성도님들의 기도가 하나님께 상달된 덕분일까. 아들이 있는 곳은 연결이 불가능한 지역이었지만 기적적으로 다시 연락이 되었다. 불가능을 가능으로 만들어 주신 하나님의 능력을 다시 한 번 깨닫게 되었다. 나는 자녀들에게 믿음의 유산을 남겨 주고 남은 생애를 주 예수 그리스도를 위하여 살다가 하루 속히 통일되어 헤어진 아들 가족과 다시 만날 수 있기를 간절히 소원한다.

영국 오픈도어의 초청을 받아 간증하다

2013년 6월에 김재호 목사님의 소개로 통일소망선교회에서 간증하게 되었다. 또한 CBS 생방송에 큰딸과 함께 출연하고 극동방송에도 출연했다. 2014년에는 필리핀 앙겔레스 한인연합교회에서 열리는 북한선교대회에 한국 대표일곱 명과 함께 참가하는 은혜를 누렸다. 2017년부터 2019년까지는 1년에 한 번씩 한국 오픈도어선교회 주관으로 네덜란드 선교사님들이 방한하여 나와 내 자녀들을 인터뷰하여 그 내용이 30개 국에 소개되었다. 그런데 2018년 1월 5일 오픈도어선교회에서 뜻밖의 소식을 전해 왔다. 영국 오픈도어선교회에서 나를 초청한다는 것이다. 나는 나를 사용해 주시는 주님께 무릎 꿇고 눈물 흘리며 감사 기도를 드렸다.

그러나 영국에 가기 위해서는 물질이 필요할 터였고 건강도 자신이 없었다. 큰딸을 데리고 가야 했는데, 두 사람이 가려면 거액이 필요했다. 내 통장에는 100만 원밖에 없는데, 영국 오픈도어에서는 그 해 11월 8일에 오라고 했다. 10개월 동안 그 많은 돈을 준비할 수 있을까? 의심하는 마음을 내려놓고 주님의 능력으로 기한 전에 채워지기만을 기도했다. 일주일이 지나서 한국 오픈도어선교회 간사로부터 전화가 왔다. "재정은 걱정하지 마세요. 항공, 호텔을 비롯한 모든 비용은 영국 오픈도어에서 지불하기로 했습니다." 간사님은 영국에서 13일 동안 체류할 것이라고 전해 주었다. 나는 "할렐루야" 소리치며 감사를 드렸다.

이제는 건강이 문제였다. 나는 척추 관절염, 신경통, 협착증 시술을 한 지 1년밖에 되지 않은 72세 할머니였고, 하나님께서 치유해 주셔서 일상생활은 가능했으나 먼 해외까지 가기엔 무리가 있었다. 영국에 가서 일정을 소화하다가 건강이 무너지지 않을지 걱정되었다. 그래서 영국에 다녀올 때까지 사명을 잘 감당하고 돌아오게 해 달라고 간절히 기도했다. 기도 중에 주님께서 다음 말씀을 세 번이나 떠올리게 해 주셨다.

"그리하면 네 빛이 새벽같이 비칠 것이며 네 치유가 급속할 것이며 네 공의가 네 앞에 행하고 여호와의 영광이 네 뒤에 호위하리니 네가 부를 때에는 나 여호와가 응답하겠고 네가 부르짖을 때에는 내가 여기 있다 하리라 만일 네가 너희 중에서 멍에와 손가락질과 허망한 말을 제하여 버리고"(사 58:8-9).

병을 급속히 치료해 주시고 사명을 감당할 때나 어려운 일 당할 때 기도하면 응답해 주시고 지켜 주신다는 말씀은 내게 큰 힘이 되었다. 기도 중에 '안내원에게 말하라, 안내원에게 말하라'는 응답을 주셨는데, 처음에는 잘 깨닫지 못하다가 나중에 비행기 승무원을 말하는 뜻임을 알게 되었다.

2018년 11월 8일 저녁 7시 30분 비행기를 탔다. 기내에 오를 때 안내원에게 큰딸이 말했다. "우리 어머니가 척추 협착증과 무릎 관절염이 있는데 좀 편안한 자리가 없을까요?" 도와 달라는 말에 승무원은 머리를 갸웃거리며 곤란하다는 표정을 지었지만, 나는 '안내원에게 말하라'는 주님의 응답을 되뇌며 기내로 들어갔다. 방송에서 네 시간 가까이 지연된다고 알렸는데, 이렇게 많이 지연된 적은 처음이라고 했다. 난처했지만 주님의 응답을 되새기며 기도했다. 그런데 기도가 끝나자 안내원이 와서 나와 큰딸에게 누워서 갈 수 있는 일등석 자리를 마련해 주었다. 기도를 들어주시는 순간순간마다 주님의 사랑에 감사를 드렸고, 저절로 눈물이 흐르며 주님의 능력을 또 한 번 깨달았다. 집에 있는 침대에서 편안히 누워 자다가 런던 공항에 도착한 느낌이었다.

영국 오픈도어선교회 스콜레인드 지부장님과의 만남을 시작으로 런던 라디오 방송에 나가 간증했고 13개 지역에서 16회 간증을 했다. 기독교를 박해하는 세계 50개국을 위해 기도하며 그 실상을 폭로하고 돕기 위한 국제 대회였다. 나는 영광스러운 사명을 감당해야겠다고 몇 번이나 마음으로 다짐했고 간증 시간마다 이사야 58장 8~9절의 말씀을 외우며 자리에 섰다.

한국과 영국의 시차가 아홉 시간이라 피곤했지만, 주님이 주시는 사명을 마다하지 않고 감당하기 위해 노력했고 한량없이 기쁘고 행복했다. 간증할 때마다 회중은 기립 박수로 환영해 주었다. 나는 그들에게 주님의 사랑을 전했고 영광스러운 자리에 낮은 자를 세워 주신 하나님께 감사와 감격의 눈물을 흘렸다.

"여호와의 영광이 네 뒤를 호위하리니"라는 말씀이 마음에 와 닿았다. 하나님은 북한 감옥에서 정치범 수용소로 끌려갈 수밖에 없는 나를 그분의 능력으로 풀어 주시고 가나안 같은 한국에 인도하신 것도 모자라, 전 세계에 그분의 은혜와 사랑을 전하고 하나님의 영광을 드러내는 인생으로 바꾸어 주셨다. 어찌 말이나 글로 다 표현할 수 있으랴!

영국에서 잊을 수 없던 순간이 있다. 북한 감옥에서 나올 때 94장 찬송을 마음속으로 부르며 주님께 감사드렸다는 간증을 들으신 오픈도어 회원들이 모두 기립하여 그 찬송을 울면서 함께 불렀던 것이다.

주 예수보다 더 귀한 것은 없네

이 세상 행복과 바꿀 수 없네

유혹과 핍박이 몰려와도 주 섬기는 내 마음 변치 않아

세상 즐거움 다 버리고 세상 자랑 다 버렸네

주 예수보다 더 귀한 것은 없네 예수밖에는 없네

나는 강단에 올라가서 십자가를 끌어안고 눈물로 주님께 감사 기도를 드리며 3,000명의 회원들과 감격적인 은혜의 시간을 보냈다. 하나님께서 부족한 나를 13일 동안 영국을 두루 다니게 하시며 사용해 주심에 감사드린다. 그렇게 하나님이 주신 영광과 축복 가운데 사명을 감당하고 돌아왔다.

5

나의 기도

나의 기도 생활

새벽 3시는 내가 첫 기도를 시작하는 시간이다. 예수님이 골고다 언덕으로 십자가에 못 박히러 가신 새벽 3시를 새벽 기도 시간으로 정했다. 매일 "하나님을 진심으로 사랑하고 신뢰하며 경외합니다"라는 고백으로 기도를 시작하여 새벽 6시에 마친다. 그리고 난 후 한 시간 정도 다시 잠을 청하고 아침 7~8시면 깨어서 시편 5편 말씀을 암송한다.

"여호와여 아침에 주께서 나의 소리를 들으시리니 아침에 내가 주께 기도하고 바라리이다"(시 5:3).

저녁 9시는 저녁 기도 시간이다. 그때는 시편 71편 말씀 암송으로 시작한다.

> "늙을 때에 나를 버리지 마시며 내 힘이 쇠약할 때에 나를 떠나지 마소서"(시 71:9).

하루 네 시간을 무릎 꿇고 엎드려 기도해도 젊어서는 힘든 줄을 몰랐는데 나이가 많아지니 쉽지가 않다. 무릎과 허리가 아프고, 경추에 고통을 느낀다.

무시로 기도하는 두 시간은 정신을 집중하고, 몸은 자유자재로 움직이며 기도하니 괜찮다. 내가 무시로 기도하는 방법은 다양하다. 청소하면서, 설거지하면서, 공원을 걸으면서, 운동하면서, 시장에 물건이나 반찬을 사러 가면서, 화장실에 앉아서도 기도를 반복한다. 마귀가 꿈에 나타나서 괴롭힐 때는 매일 마귀를 쫓는 기도와 찬송을 한다.

나의 하루 말씀과 기도 생활은 다음과 같다.

새벽 기도 - 세 시간(소망의 기도와 모든 것을 종합한 기도)

저녁 기도 - 한 시간(주로 마귀를 쫓는 기도 위주)

무시 기도 - 두 시간(시급히 응답받아야 하는 기도는 종일 수시로 기도)

성경 읽기, 암송 - 한 시간 반

성경 묵상 - 한 시간

성경 필사 - 한 시간

찬양 - 한 시간

밥을 먹을 때는 식사 기도를 한 후에 성경 구절을 서너 절 암송하고 식사한다. 자꾸 외우지 않으면 잊어버리기 때문이다. 성경 말씀과 북한 선교에 관련한 서적들은 적당한 시간을 내어서 본다. 매일은 못하지만 사나흘에 한 번씩 평균 두세 곡씩 찬양 기도를 드린다.

> "하나님께 가까이 함이 내게 복이라 내가 주 여호와를 나의 피난처로 삼아 주의 모든 행적을 전파하리이다"(시 73:28).

하루 중 열 시간 반은 하나님께 온전히 드리는 시간이다. 하나님은 나의 숨소리도 아시고, 나의 신음에 귀를 기울이신다. 기도에 흘리는 나의 뜨거운 눈물을 닦아 주시며 응답하신다. 또한 아침 한 끼 금식 기도를 21년째 하고 있다. 앞으로도 계속할 것이다. 나이가 80에 가까워지면서 육체가 날이 갈수록 노쇠해져 힘든 부분이 있다. 하나님을 믿는 믿음과 감사는 날이 갈수록 커 가지만 육체가 힘들어지곤 한다. 4년 전부터 하나님께 드리는 기도의 자세가 틀어져서 안타깝다. 이 글도 베개를 머리에 받친 자세로 침대에 기대어 쓰고 있다. 나는 눈물을 흘리며 겸손치 못한 나의 기도 자세를 회개하기를 지난 3년간 해 왔다. "하나님, 몇 시간씩 엎드려 기도하자니 허리, 다리, 경추가 너무 힘들어요. 주님, 겸손한 마음은 주님께 드리면서도 겸손한 태도를 못 드리는 것이 안타깝습니다. 십자가 보혈로 내 죄를 씻어 주시고, 마음의 중심을 봐 주세요."

시간이 가고 날이 갈수록 내 한평생에 받은 축복에 감사의 눈물이 멈추지 않는다. 나는 하루에 50번의 감사를 주님께 올려 드린다. 주님의 따사로운 손길, 괴로움과 슬픔, 고통과 근심 걱정으로 몸부림치며 쓰러질 때 감사가 감사를 낳는다. 감사가 평안과 기쁨, 행복과 소망을 가져온다. 이 세상에서 주님의 능력을 당할 자가 없다. 예수님의 진실하고 따사로운 사랑을 그 누구도 줄 수 없다. 천국 가는 그날까지 주님께 감사와 순종의 삶을 살 것이다.

거세찬 파도가 밀려오고,

비바람이 불고, 눈보라가 쳐도

하나님의 능력의 바위,

구원의 바위에 기댄 나는 두려운 것이 없다!

행복하다!

지난 20여 년간의 신앙생활 가운데 14년 동안 중보 기도를 멈추지 않았다. 수첩을 만들고 대상자의 이름, 주소, 기도 제목, 기도 날짜를 적어 놓고 많은 시간 기도했다. 지금도 여전히 중보 기도의 응답을 받기 위해 주야로 기도하고 있다.

　중국 조선족이신 에스더 선교사님은 외할아버지로부터 신앙을 물려받아 어머니, 남편 목사 모두 주님을 섬기는 믿음의 가정 출신이다. 에스더 선교사님과 그의 오빠 요셉 선교사님은 중국에서 탈북민을 섬기는 일을 열심히 하셨다. 에스더 선교사님도 목숨 걸고 북한 지하 교회를 도왔다. 겨울에는 입은 옷 속에 성경책을 감춰서 지하 교인들에게 나누어 주었고 많은 물질로 섬겼다. 성도들과 함께 복음을 전하는 일을 수년간 하다가 북한 감옥에 한 달 동안 구류되었다. 감옥에서 많은 어려움과 고통을 겪다가 하나님의 은혜로 감옥 문이 열리는 역사를 경험하고 중국으로 귀국했다. 수년 전에 한국에 와서 서울에 교회를 개척하고 선교회를 세웠다. 통일 사역을 하면서 중국과 한국의 탈북 2세를 섬기는 청소년 사역을 하고 계신다.

　2017년 4월에 요셉 선교사님이 탈북민을 도왔다는 죄로 구류되었다는 소식을 들었다. 징역형을 받지 않도록 기도해 달라는 기도 요청이 왔다. 내가 북한 감옥에서 고통받았던 일을 생각하니, 몸과 마음과 물질과 정성을 다해 탈북민을 도

우신 요셉 선교사님을 위해 눈물로 기도하지 않을 수 없었다. 체포된 요셉 선교사님을 위해 아픈 마음으로 울면서 30일을 기도한 끝에 구류 상태에서 석방된다는 하나님의 강한 응답을 받았다. 너무나 기뻐서 요셉 선교사님이 풀려나기까지 210일 동안을 쉬지 않고 더 기도했다. 기쁜 마음으로 에스더 선교사님께 전화하여 기도 응답을 철저히 믿으라고 전해 드렸다. 오빠에 대해 절대로 상심하지 말고 감옥에서 풀려날 때까지 서로 열심히 기도하자고 말했다. 그리하여 11월 초 1심 재판, 2심 재판 끝에 징역형을 받지 않고 8개월 만에 감옥에서 풀려났다. 이처럼 기도는 우리의 생명이며 주님의 능력이다.

복을 받는 비결

나는 예수님을 믿고 너무나 많은 복을 받았다. 복을 많이 받게 된 비결은 말씀과 감사와 순종과 섬김과 행함이며, 기도의 인내와 신앙의 교제 때문이었다. 말씀을 잘 듣고 읽고 쓰고 암송하고 묵상하고 믿어야 복을 많이 받는다. 하나님을 아는 지식이 풍성해야 한다. 하나님은 믿음의 분량대로 은혜를 주신다.

1. 기도하고 감사하면 복을 받는다

우리는 하나님의 뜻에 맞는 기도를 해야 한다. 하나님이 원하시지 않는 기도를 하면 응답받을 수 없다. 응답을 받으려면 신앙의 분별력을 가지고 그에 따른 기도를 해야 한다. 그러려면 말씀을 잘 보아야 한다. 예수님을 믿은 지 1년이 되었을 때는 마귀와 투쟁을 많이 했다. 대낮에 창고에서 그릇이 와장창 깨지는 소리가 나고 남자 어르신과 젊은이가 싸우는 소리가 나기도 했다. 창고에 나가 보면 아무것도 없고 다 제자리에 있는데도 그런 소리가 들렸다. 내 귀에만 들리는 것이었다.

> "마귀의 간계를 능히 대적하기 위하여 하나님의 전신 갑주를 입으라"(엡 6:11).

그 후에 영적 전쟁을 위해 1년 365일 하루도 빠지지 않고 하루에 네 번씩 교회에 가서 기도를 했다. 새벽에, 아침 먹고, 점심 먹고, 오후 4시가 되면 기도하러 갔다. 저녁 먹고 또 기도하면서 마귀와 투쟁했다. 지금도 하루에 예닐곱 시간을 기도한다. 가끔은 꿈속에서도 기도한다. 한국으로 나올 때에 하루에 열세 시간을 기도했고 딸들이 나올 때마다 금식 기도를 했다. 내 기도의 한 마디 한 마디는 감사다. 기도를 두 시간 하면 감사도 두 시간 한다.

> "항상 기뻐하라 쉬지 말고 기도하라 범사에 감사하라 이것 이 그리스도 예수 안에서 너희를 향하신 하나님의 뜻이니 라"(살전 5:16-18).

작은 일에도 감사, 큰일에도 감사, 감사를 많이 하라는 하나님의 말씀을 붙들고 기도했다. 응답된 일만 감사할 뿐 아니라 응답이 안 된 것도 미리 감사드리면 하나님께서 감동을 받으시고 반드시 응답해 주심을 경험했다.

2. 순종하면 복을 받는다

나는 이 세상의 고통을 이기지 못해 두 번이나 자살하려고 했지만 하나님의 말씀이 나를 살렸다. 말씀에 순종했고 한국으로 나가라는 하나님의 응답에 그대로 따랐다. 그리하여 오늘 대한민국의 국적을 가지고 북송되지 않는 영원히 안전한 삶을 누리게 되었다. 나의 인생에서 가장 행복한 오늘을 주셨다. 순종이 축복의 통로이다. 또한 하나님의 복을 받으려면 작은 물질이라도 정성을 다하여 드려야 한다. 하나님은 마음의 중심을 보시기 때문이다.

> "사람이 어찌 하나님의 것을 도둑질하겠느냐 그러나 너희
> 는 나의 것을 도둑질하고도 말하기를 우리가 어떻게 주의
> 것을 도둑질하였나이까 하는도다 이는 곧 십일조와 봉헌물
> 이라"(말 3:8).

중국에서 이 말씀을 처음 들었을 때에 마음에 다가와서 그 다음 주부터 바로 십일조를 시작했다. 당시에 둘째 딸 집에 머물고 있었는데 딸과 사위는 일자리를 동시에 잃은 상태였다. 오늘이나 내일이나 일자리가 생길까 해서 구인 광고를 보곤 했다. 보다 못해 내가 모아 놓은 돈을 다 털어서 주었다. 그런데도 그 돈이 다 떨어질 때까지 일을 구하지 못했다.

나는 하나님께 약속드린 십일조를 할 수 없어서 울면서 결심했다. 북한에서 굶어 죽게 된 우리를 중국에서 하루 세 끼 먹게 해 주신 하나님께 밥공기라도 드려야겠다고 말이다. 그래서 밥공기를 다섯 번 씻어서 깨끗하게 닦고 깨끗한 종이에 다섯 번을 싸서 '무명'이라고 써 놓았다. 그러고는 이것을 어떻게 헌금함에 넣을 수 있을지 고민했다. '황 권사님이 헌금위원이니 그분에게 부탁해서 미리 헌금함에 넣어 두어야겠다. 그리고 절대 누구에게도 말하지 말아 달라고 하자.' 이렇

게 결심하고 하나님께 기도를 드리려고 하니 흐르는 눈물이 목까지 흘렀다. 그것을 들고 나가면서 신을 신으려는데 밥공기를 드리려는 정성은 좋지만 물질이 아니라는 생각이 들어 가슴이 아팠다. 그래서 딸과 사위가 머리를 맞대고 구인 광고를 보고 있는 방으로 들어갔다. 내 입에서는 "얘들아, 오늘 십일조…"라는 말이 목구멍까지 나오다가 멈췄다. 당시 딸에게는 내가 십일조 하는 사실도, 얼마 하는지도 전혀 말하지 못했다. 당시에 딸은 내가 그렇게 금식 기도를 해도 하나님을 믿지 않았기 때문이다.

그런데 갑자기 딸이 말하는 것이었다. "엄마, 십일조를 10위안 하지요? 10위안 저기에 있어요. 내가 비상용으로 간직해 놨어요." 딸이 주는 10위안을 받아 드는데 눈물이 앞을 가렸다. "반찬은 있니?" "엄마, 북한에서는 소금도 없어서 맹물을 끓여 먹다가 죽을 뻔한 일도 있었는데, 여기엔 된장도 있고 소금도 있고 간장도 있어요." 딸이 주는 십일조를 그냥 가져갈 수가 없어서 방에 들어갔다. "하나님, 감사합니다. 이 물질을 오늘 못 드릴까 봐 걱정했던 내 마음을 아시고 하나님께서 우리 딸의 마음을 움직이셔서 제게 주셨습니다. 감사합니다." 하염없이 눈물을 흘리며 기도했다.

3. 인내하면 복을 받는다

어머니는 나의 간질병을 고쳐 달라고 33년이나 기도하셨다. 그 결과 나는 세상에서 고치지 못하는 간질병을 고침받았다. 누군가 5대째 화목한 가정을 향해 그 비결이 무엇이냐고 물었다고 한다. 그 사람은 질문한 사람을 뒷마당으로 데리고 가서 아름드리나무 밑에 있는 장독을 열어 보게 했고 장독 안에는 '참자! 참자!'라는 글귀가 있었다. 인내가 화목한 가정의 비결이었다는 것이다.

인내가 가정을 화목하게 하는 데만 필요한 것은 아니다. 성도님들이 몇 달, 몇 년 기도하다가 응답되지 않으면 기도 제목을 지워 버리곤 하는데 하나님께서 우리 기도를 들으시고 구원의 문을 열어 주시려는 찰나에 기도를 중단하면 다시는 그 문이 열리지 않는다. 받을 기회를 놓치게 되는 것이다. 그러므로 끝까지 기다리는 인내가 필요하다.

4. 말씀을 묵상하면 복을 받는다

하나님의 말씀을 묵상하면 복을 받는다. 나는 묵상을 한번 하면 두세 시간씩 한다. 또한 육신의 양식을 먹기 전에 말씀을 먼저 암송하고 먹기로 작정했다. 신앙 서적도 많이 본다. 책을 많이 보면 하나님에 대한 지식을 풍부하게 채울 수 있다. 목사님의 말씀을 들을 때는 손으로 필기한다. 듣기만 하면 잊어버리는 것이 더 많기 때문이다. 적어 놓으면 그것을 보고 다시 생각나게 된다. 그렇게 해서 말씀의 지식을 채워 갈 수 있다.

복을 많이 받는 비결은 땀과 눈물과 노력이다. 그동안 내가 말씀과 기도, 감사와 찬양에 쏟은 눈물과 땀과 노력이 두만강을 이루었는지 한강을 이루었는지 모를 정도다. 하늘에 계신 아버지만이 내 기도의 분량, 눈물의 분량을 아시고 그 분량대로 복을 주신다. 우리에게 복을 주시는 주 예수 그리스도의 은혜에 감사와 찬양으로 영광을 드린다.

한국 교회와 통일을 위한 기도

천지를 창조하신 하나님 아버지. 오늘도 우리 하루를 인도하시고 우리의 삶을 보호해 주시는 하나님 아버지께 감사와 영광을 드립니다.

하나님, 우리 민족을 불쌍히 여겨 주시옵소서. 남북한이 서로를 미워하며 불신하고 분열하며 싸워 온 죄를 용서하여 주시옵소서. 나라의 미래를 하나님께 맡기오니 하나님의 능력으로 잘 살아갈 수 있는 대한민국이 되도록 도와주시옵소서. 지도자들에게 솔로몬에게 주신 능력과 지혜와 명철을 허락하여 주시옵소서. 경제적 위기를 극복하게 하시고, 북한이 핵과 미사일로 위협하고 있는 상황에서 지도자와 국민이 하나되어 여러 나라와 협력해 대한민국을 굳건히 지켜 나갈 수 있도록 인도하여 주시옵소서. 진정한 천국을 대한민국 땅에 세워 주시옵소서. 그리스도의 풍성함으로 채워 주시고 발전하고 부흥하도록 해 주시옵소서.

하나님 아버지, 우리 탈북자들을 이 땅에 보내어 주심을 영원히 감사드립니다. 믿음으로 정착하여 구원받은 탈북자들이 사명을 들고 일어나게 해 주시옵소서. 날이 갈수록 한국에 입국하는 탈북민 수가 증가되게 하시고, 김정은 정권이 붕괴되게 하옵소서.

우리 목자 되신 하나님, 북한을 불쌍히 여겨 주시옵소서. 굶주림에 허덕이고 영양실조와 질병으로 고통받는 북한 주민들을 회복시켜 주시고 양식을 보장받을 수 있도록 은혜를 허락하여 주시옵소서. 마음의 상처를 십자가의 보혈로 덮어 주셔서 북한 주민들이 치유되는 놀라운 기적이 일어나게 하옵소서.

김정은 3대 세습이 무너지게 하시고 하나님을 두려워하고 백성을 섬기는 올바른 지도자를 세워 주시옵소서. 우상 숭배가 사라지고 어둠의 영이 떠나가고 주체사상과 공포 정치가 무너지게 하옵소서. 생명을 걸고 신앙을 지키는 북한의 성도들에게 신앙의 자유와 권리가 회복되게 하옵소서. 지하 성도들이 탄압과 어려운 상황을 이겨 내고 영적 전쟁에서 승리할 수 있도록 도와주시옵소서. 지하 성도들이 평강 가운데 머물게 하옵소서. 지하 교회가 지상 교회로 변하여 남북한의 성도들이 하나 되어 함께 하나님께 예배할 수 있는 통일의 그날을 주시옵소서.

우리 한국 교회를 위하여 기도드립니다. 분열된 교회가 대통합을 이루는 놀라운 역사가 일어나게 하옵소서. 자녀들을 믿음으로 인도하지 못한 부모 세대의 죄를 예수 그리스도의 보혈로 씻어 주시고 용서하여 주시옵소서. 가정이 온전히 세워져서 튼튼한 교회 공동체가 되게 하여 주시옵소서. 믿음의 세대가 가정에서 일어나게 하옵소서.

한국 교회가 통일에 대한 책임감을 갖게 하옵소서. 북한을 향한 통곡의 기도가 사방 각처에서 일어나게 하옵소서. 한국 곳곳에 북한을 위한 기도회와 선교 단체가 세워지게 하시고 전국 각 지역에 탈북 청소년을 위한 대안 학교와 센터를 세워 주시옵소서. 그곳에 소명을 가진 일꾼들과 능력 있는 교수들을 보내 주시고 필요한 물질을 채워 주시옵소서. 그리하여 한국 청년들과 탈북 청소년들이 믿음으로 통일의 세대를 이루어 나아갈 수 있도록 인도하여 주시옵소서. 한국 교회가 탈북민을 사랑으로 품고 믿음으로 정착할 수 있도록 돕게 하시옵소서. 분단된 한반도가 빛 되신 예수 그리스도 안에서 통일을 이룰 수 있기만을 간절히 빌고 원하옵나이다. 열방을 정복한 다윗처럼 성령의 능력으로 열방을 정복하는 우리가 되게 하옵소서.

한국의 젊은 세대를 위하여 기도합니다. 이 나라의 젊은이들이 열방을 품고 기도하며 복음을 전하는 디아스포라가 되게 하시고, 그들을 통일을 준비하는 선도자로 세워 주시옵소서. 통일되는 그날까지 쉬지 않고 통일 이후를 준비하게 하시고 주님 오심을 예비하는 한국 교회가 되게 도와주시옵소서.

평화도 통일도 하나님께 있습니다. 평화의 씨앗을 심고 통일의 열매를 맺을 수 있기만을 간절히 기도드립니다.

주여, 어둠이 깃든 저 북녘에 예수 그리스도의 밝은 빛을 비추어 주시옵소서. 식량 부족으로 고통받는 북한 땅에 속히 맥추절의 감사가 드려지게 하옵소서. 순교자의 피가 스며 있는 북한 땅에 예수님의 눈물이 있고 주님의 아픔이 있습니다. 예수님의 소원이 있는 북한 땅에 우리의 소원도 함께 있습니다. 주님의 능력으로 통일을 이루어 주시기만을 간절히 빌며 기도 올려 드립니다.

이 모든 말씀 평화의 왕 예수 그리스도의 이름으로 기도 드립니다. 아멘.

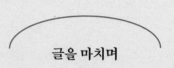

글을 마치며

어제도, 오늘도, 내일도, 영원히 살아 역사하시는 주 예수 그리스도를 나의 심장 속에 고동치는 피와 함께 영원히, 영원히! 주님께 이끌리어 사는 삶! 주님의 영광을 위하여 사는 삶은 매우 귀중하며 행복하다. 주님의 영광을 싣고, 믿음의 날개를 펴서 복음의 씨앗을 뿌리며 온 세상을 날고 싶다.

북한에서 어머니의 복중에서부터 주님의 사랑을 넘치게 받은 이 영혼, 고맙고 감사한 마음, 말로나 글로 다 표현할 수 있으랴! 나의 인생을 뒤돌아보면 죄뿐이다. 십자가 보혈로 용서받은 은혜, 이보다 더 큰 축복이 어디 있으랴! 인생을 돌아보니 힘들고 어려웠던 시절이 얼마나 많았던가. 육신의 아버지, 어머니는 이미 세상을 떠나신 지 오래지만 영이신 하나님 아버지는 나의 삶, 나의 인생을 책임져 주시지 않는가!

죽음의 고비마다 살려 주신 사랑의 주님께 이 영혼 무릎 꿇고 흐르는 눈물로 감사드린다. 어제가 가고 오늘이 오고 내일이 오면 나의 인생은 저물어 가건만, 하나님께 고맙고 감사한 마음은 더 커 간다.

하나님은 우리를 사랑과 평안으로 인도하시는 분이다. 하나님은 힘 있고 능력이 있어서 못할 일이 전혀 없는 분이시다. 하나님은 여전히 선한 분이시며 소망이신 분이다. 염려와 불안으로 마음이 흔들릴 때 넘실거리는 파도처럼, 몰아치는 폭풍처럼 감당 못할 시련이 내 삶을 뒤흔들 때마다 마음의 닻을 주님께 내리고 고난에 휩쓸려 둥둥 떠내려가지 않는 삶을 살련다.

하루 일과를 기도로 시작하는 새벽 3시! 잠에서 깨자마자 "나는 하나님을 진심으로 사랑하고 신뢰하며 경외합니다", 이 한 마디로 시작한다.

나와 내 자녀들, 내 후손들도 이 세상에 영원히 남아 있을 건 아니지 않은가? 언젠가는 하나님 나라로 갈 것이다. 나와 내 자녀들이 이 세상에 있을 때는 우리의 입으로 주 예수 그리스도를 증거할 수 있지만, 우리가 세상을 다 떠나간 다음엔 예수 그리스도의 귀한 사랑과 은혜와 능력이 잊힐 것이 안타까워서 이 책을 쓰길 원했다. 부디 이 책을 통하여 주 예수 그리스도의 크신 능력을 다시 한 번 깨닫고 구원받으시기를 부탁드린다. 예수 그리스도 이름으로 사랑하는 여러분께 감사드린다.

"하나님 아버지, 글을 쓰고자 했던 간절한 소원 이루어 주셔서 감사드립니다. 제가 이 세상을 떠나더라도, 우리 가족에게 행하신 하나님의 능력을 이 책을 통해 세상 모든 사람들이 알도록 하시옵소서. 여호와의 이름을 영화롭게 하고, 또한 하나님께 영광 돌리는 삶이 되기를 간절히 바랍니다. 이 책을 보는 많은 독자들이 하나님의 능력을 깨닫게 하시고 구원받는 역사가 일어나게 하시고 많은 은혜와 축복이 있게 하여 주시옵소서. 하나님, 고맙습니다. 내 생명 다하는 그날까지 그리스도를 위하여 할 수 있는 사명을 남겨 주시옵소서. 비천하고 부족한 저를 사용해 주시니 감사합니다. 예수님의 이름으로 기도 올립니다. 아멘!"